AF579346

THEODORE VIERGE ET MARTYRE.

TRAGEDIE CHRESTIENNE.

Sur l'Imprimé,

A PARIS.

Chez TOVSSAINT QVINET, au Palais ſous la montée de la Cour des Aydes.

M. DC. XLIX.

A
MONSIEVR
L. P. C. B.

MONSIEVR,

Ie n'abuseray point de vostre absence de la Cour, pour vous imposer touchant cette Tragedie; sa representation n'a pas eu grãd éclat, & quoy que beaucoup en attribuent la cause à diuerses conjectures qui pourroient me iustifier aucunement, pour moy ie n'en veux prẽdre qu'à ses deffauts, & l'a tiens mal faite, puis qu'elle a esté mal suiuie. I'aurois tort de m'opposer au iugemẽt du public, il m'a esté trop auanta-geux en mes autres ouurages pour le desauoüer en celuy-cy, & si ie l'accusois d'erreur on d'iniustice pour Theodore, mon exẽple donneroit lieu à tout le monde de soupçonner des mesmes choses tous les Arrests qu'il a prononcez en ma faueur. Ce n'est pas toutesfois sans quelque sorte de satisfaction que ie voy que la meilleure partie de mes iuges impute ce mauuais succez à l'idée de la prostitution que l'on n'a pû souffrir, quoy qu'on sçeust bien qu'elle n'auroit pas d'effet, & que pour en extenuer l'horreur i'aye employé tout ce que l'Art & l'experience m'ont peu fournir de lumieres. Et certes il y a de quoy congratuler à la pureté de nostre Theatre, de voir qu'vne Histoire qui fait le plus bel ornement du second Liure des Vierges de S. Ambroise, se trouue trop licentieuse pour y estre supportée. Qu'eust-on dit si comme ce grand Docteur de l'Eglise i'eusse, fait voir Theodore dans le lieu infame, si i'eusse décrit les diuerses agitations de son ame durant qu'elle y fut si i'eusse figuré les troubles qu'elle y ressentit au premier momét qu'elle y vit entrer Didime? C'est là dessus que ce grand Sainct fait triompher son éloquéce, & c'est pour ce spectacle qu'il inuite particulierement les Vierges à ouurir les yeux. Ie l'ay dérobé à la veuë, & autant que i'ay pû à l'imagination de mes Auditeurs, & à pres y auoir consumé toute mon adresse, la modestie de nostre Scene a desauoüé, comme indigne d'elle, ce peu que la necessité de mon sujet m'a forcé d'en faire connoistre. Aprés cela i'oseray bien dire que ce n'est pas contre des Comedies pareilles aux nostres que declame S. Augustin, & que ceux que le scrupule ou le zele en rend opiniastres ennemis, n'ont pas grande raison de s'appuyer de son authorité. C'est auec iustice qu'il condamne celles de son temps qui ne meritoient que trop le nom qu'il leur donne de spectacles de turpitude; mais c'est auec iniustice qu'on veut estendre cette condamnation iusqu'à celles du nostre, qui ne contiennent pour l'ordinaire que des exemples d'innocence, de vertu, & de pieté. I'aurois mauuaise grace de vous en entretenir plus au long, vous estes desia trop persuadé de ces veritez, & ce n'est pas mon dessein d'entreprendre icy de desabuser ceux qui ne veulent pas l'estre. Il est iuste qu'on les abandonne à leur aueuglement volontaire, & que pour peine de la trop facile croyance qu'ils dónent à des inuectiues mal fondées, ils demeurent priuez du plus agreable & du plus vtile des diuertissements dont l'esprit humain soit capable. Contentons nous d'en joüir sans leur en faire part, & souffrez que sans faire aucun effort pour les guerir de leur foiblesse, ie finisse en vous asseurãt que ie suis & seray toute ma vie.

MONSIEVR,

Vostre tres-humble, & tres obligé seruiteur,
CORNEILLE.

ACTEURS.

VALENS Gouuerneur d'Antioche,
PLACIDE fils de Valens.
CLEOBVLE amy de Placide.
DIDYME amoureux de Theodote.
PAVLIN Confident de Valens.
LICANTE Capitaine d'vne cohorte romaine
MARCELLE femme de Valens.
THEODORE Princesse d'Antioche.
STEPHANIE confidente de Marcelle.

La Scene est à Antioche, dans le Palais du Gouuerneur.

THEODORE VIERGE ET MARTYRE. TRAGEDIE CHRESTIENNE.

ACTE I.

SCENE PREMIERE.

PLACIDE, CLEOBULE.

PLACIDE.

IL est vray, Cleobule, & ie veux l'aduoüer,
La fortune me flatte assez pour m'en loüer,
Mon pere est Gouuerneur de toute la Syrie,
Et comme si c'estoit trop peu de flatterie,
Moy-mesme elle m'embrasse, & me vient de donner
Tout ieune que ie suis, l'Egypte à gouuerner,
Certes si ie m'enflois de ces vaines fumées,
Dont on voit à la Cour tant d'ames si charmées,

Si l'esclat des grandeurs auoit pû me rauir,
I'aurois dequoy me plaire & dequoy m'assouuir:
Au dessous des Cesars ie suis ce qu'on peut estre,
A mois que de leur rãg le mien ne sçauroit croistre,
Et si de cét espoir ie voulois me flatter
Par de moindres degrez on en voit y monter.
Mais ie tiens ces honneurs à tiltres d'infamie,
Parce que ie les tiens d'vne main ennemie,
Et leurs plus doux appas n'a pour moy que rigueur,
Parce que pour eschange on veut auoir mon cœur.
On perd tẽps toutefois, ce cœur n'est point à vendre,
Marcelle, en vain par là tu crois gaigner vn gendre,
Ta Flauie à mes yeux fait tousiours mesme horreur,
Ton frere Marcellin peut tout sur l'Empereur.
Mon pere est ton espoux, & tu peux sur son ame
Ce que sur vn mary doit pouuoir vne femme,
Va plus outre, & par zele ou par dexterité
Ioins le vouloir des Dieux à leur authorité,
Assemble leur faueur, assemble leur colere,
Pour aimer, ie n'escoute Empereur, Dieu, ny pere,
Et ie la trouuerrois vn objet odieux, Dieux.
Des mains de l'Empereur, & d'vn pere, & des

CLEOBVLE.

Quoy que pour vous Marcelle ait le nom de marastre,
Considerez, Seigneur, qu'elle vous idolâtre,
Voyez d'vn œil plus sain ce que vous luy deuez,
Les biens & les honneurs qu'elle vous a sauuez.
Quand Diocletian fut maistre de l'Empire,

PLACIDE.

Mon pere estoit perdu, c'est ce que tu veux dire,
Si tost qu'à son party le bon-heur eust manqué,
Sa teste fut proscrite & son bien confisqué,
On vit à Marcellin sa depoüille donnée:
Il en rompit le coup par ce triste Hymenée,
Et par raison d'Estat il sçeut dans son malheur,
Se rachepter du frere en espousant la sœur.
Déslors on asseruit iusques à mon enfance,
De Flauie auec moy l'on conclud l'alliance,
Et depuis ce moment Marcelle a fait chez nous,
Vn destin que tout autre auroit trouué fort doux;
La dignité du fils comme celle du pere,
Descend du haut pouuoir que luy donne ce frere:
Mais à la regarder de l'œil dont ie la voy,
Ce n'est qu'vn ioug põpeux qu'on veut jetter sur moy,
On esleue chez nous vn trosne pour sa fille,
On y seme l'esclat dont on veut qu'elle brille,
Et dans tous ces honneurs ie ne vois en effet,
Qu'vn infame dépost des presents qu'on luy fait.

CLEOBVLE.

S'ils ne sont qu'vn dépost des biens qu'on luy veut (faire,
Vous en estes, Seigneur, mauuais dépositere,
Puisqu'auec tant d'effort on vous voit trauailler,
A mettre ailleurs l'esclat dont elle doit briller.
Vous aimez Theodore, & vostre ame rauie,
Luy veut donner ce Trône esleué pour Flauie.
C'est là le fondement de vostre auersion.

PLACIDE.

Ce n'est point vn secret que cette paßion,
Flauie au lict malade en meurt de jalousie;
Et dans l'aspre despit dont sa mere est saisie,
Elle tonne, foudroye, & plaine de fureur,
Menace de tout perdre auprés de l'Empereur:
Comme de ses faueurs ie ry de sa colere,
Quoy qu'elle ait fait pour moy, quoy qu'elle puisse (faire
Le passé sur mon cœur ne peut rien obtenir,
Et ie laisse au hazard le soin de l'aduenir.
Ie me plais à brauer cét orgueilleux courage,
Chaque iour pour l'aigrir ie vay iusqu'à l'outrage,
Son ame imperieuse & prompte à fulminer.
Ne me sçauroit haïr iusqu'à m'abandonner.
Souuent elle me flatte alors que ie l'offence,
Et quand ie l'ay poussée à quelque violence,
L'amour de sa Flauie en rompt tous les effets,
Et l'esclat s'en termine à de nouueaux bien-faits.
Ie la plains, sa Flauie, & plus à plaindre qu'elle,
Comme elle aime vn ingrat, j'adore vne cruelle,
Dont la rigueur la vange, & rejettant ma foy,
Me rend tous les mespris qu'elle recoit de moy.
Ainsi par toutes deux mon sort me persecute,
L'vne me sollicite, & l'autre me rebute,
Ie hay qui m'idolâtre, & i'aime qui me fuit,
Et ie poursuis en vain, ainsi qu'on me poursuit.
Telle est de mon destin la fatale injustice,
Telle est la tyrannie ensemble & le caprice,

Du Demon aueuglé qui ſans diſcretion,
Verſe l'Antipathie & l'inclination.
Mais que voit Theodore en moy de mépriſable?
Puiſqu'ō m'adore ailleurs encor dois-ie eſtre aimable
Elle aime, elle aime vn autre, & s'impute à bonheur
De preferer Dydime au fils du gouuerneur.

CLEOBVLE.

Comme elle ie ſuis né, Seigneur, dans Antioche,
Et par les droits du ſang ie luy ſuis aſſez proche,
Ie cognoy ſon courage & vous reſpondray bien,
Qu'eſtant ſourde à vos vœux elle n'écoute rien,
Et que dans la rigueur dont voſtre amour l'accuſe,
Perſonne n'obtiendra ce qu'elle vous refuſe.
Ce riual mal-heureux dont vous eſtes jaloux,
En eſt encor, Seigneur, plus maltraité que vous.
Mais quād meſmes ſes feux reſpōdroiēt à vos flāmes,
Qu'vne amour mutuelle vniroit vos deux ames,
Voyez où cette amour vous peut précipiter,
Quel orage ſur vous elle doit exciter,
Que dira voſtre pere, & que fera Marcelle:
De grace permettez que ie parle pour elle...

PLACIDE.

Ah! ſi ie puis encor quelque choſe ſur toy,
Ne me dy rien pour elle & dy luy tout pour moy,
Dy luy que ie ſuis ſeur des bontez de mon pere,
Ou que s'il ſe rendoit d'vne humeur trop ſeuere,
L'Egipte où l'on m'enuoye eſt vn azile ouuert,
Pour mettre noſtre flâme & noſtre heur à couuert.

Là saisis d'vn rayon des puissances supresmes,
Nous ne receuons plus de loix que de nous-mesmes.
Quelques noires vapeurs que puissent conceuoir,
Et la mere & la fille ensemble au desespoir,
Tout ce qu'elles pourront enfanter de tempestes,
Sans venir iusqu'à nous creuera sur leurs testes,
Et nous erigerons en cét heureux sejour,
De leur rage impuissante vn trophée à l'Amour.
Parle, parle pour moy, presse, agy, persuade,
Fay quelque chose enfin pour mon esprit malade,
Fay luy voir mon pouuoir, fay luy voir mon ardeur,
Dißipe ses frayeurs, tu vaincras sa froideur.

CLEOBVLE.

Ie parleray, Seigneur, quoy que sans esperance,
De pouuoir l'arracher de son indifference,
Son cœur trop resolu.... Mais Marcelle suruient.

SCENE II.

MARCELLE, PLACIDE; CLEOBVLE, STEPHANIE.

MARCELLE.

CE mauuais cõseiller tousiours vous entretient

PLACIDE.

Vous dites vray, Madame, il tâche à me surprẽdre
Son conseil est mauuais, mais ie sçay m'en deffendre

MARCELLE.

Il vous parle d'aimer?

PLACIDE.

Contre mon sentiment.

MARCELLE.

Leuez leuez le masque, & parlez franchement,
De nostre Theodore il est l'Agent fidelle,
Pour vous mieux engager elle fait la cruelle,
Vous chasse en apparence, & pour vous retenir,
Par ce parent adroit vous fait entretenir.

PLACIDE.

Il m'entretient donc mal au gré de son enuie,
Au lieu de Theodore il parle pour Flauie,
Et mauuais conseiller en matiere d'amour
Il fait contre son sang pour mieux faire sa cour.
C'est, Madame, en effet le mal qu'il me conseille,
Mais i'ay le cœur trop bon pour luy prester l'oreille.

MARCELLE.

Dites le cœur trop bas pour aimer en bon lieu.

PLACIDE,

L'objet où vont mes vœux seroit digne d'vn Dieu.

MARCELLE.

Il est digne de vous, d'vne ame vile & basse.

PLACIDE.

Ie fay donc seulement ce qu'il faut que ie fasse,
Ne blâmez que Flauie, vn cœur si bien placé
D'vne ame vile & basse est trop embarassé,
D'vn choix qui luy fait honte il faut qu'elle s'irrite

Et me priue d'vn bien qui passe mon merite.

MARCELLE.

Auec quelle arrogance osez-vus me parler?

PLACIDE.

Au dessous de Flauie ainsi me rauiler,
C'est de cette arrogance vn mauuais témoignage,
Ie ne me puis, Madame, abaisser dauantage.

MARCELLE.

Vostre respect est rare & fait voir clairement,
Que vostre humeur modeste aime l'abaissement,
Et bien, puisqu'à present i'en suis mieux aduertie,
Il faudra satisfaire à cette modestie,
Auec vn peu de temps nous en viendrons à bout.

PLACIDE.

Vous ne m'osterés rien puisque ie vous dois tout,
Qui n'a que que ce qu'il doit, a peu de perte à faire.

MARCELLE.

Nous vous verrõs bien tost d'vn sentimẽt cõtraire.

PLACIDE.

Ie n'en sçaurois changer pour la perte d'vn bien,
Qui me rendra celuy de ne vous deuoir rien.

MARCELLE.

Ainsi l'ingratitude en soy-mesme se flate,
Mais ie sçauray punir cette ame trop ingrate,
Et pour mieux abaisser vos esprits soûleuez,
Ie vous osteray plus que vous ne me deuez.

PLACIDE.

La menace est obscure, expliquez-la de grace.

MAR-

MARCELLE.

L'effet expliquera le ſens de la menace,
Tandis ſouuenez-vous, malgré tous vos meſpris,
Que i'ay fait ce que ſont & le pere & le fils,
Vous me deuez l'Egipte, & Valens l'Antioche.

PLACIDE.

Nous ne vous deuons rien aprés vn tel reproche,
Vn bien-fait perd ſa grace à le trop publier,
Qui veut qu'on s'en ſouuienne, il le doit oublier.

MARCELLE.

Ie l'oublierois, ingrat, ſi pour tant de puiſſance
Ie receuois de vous quelque recognoiſſance.

PLACIDE.

Et ie m'en ſouuiendrois iuſqu'aux derniers abois,
Si vous vous contentiez de ce que ie vous dois.

MARCELLE.

Aprés tant de bien-faits ozay-je trop pretendre?

PLACIDE.

Ce ne ſõt plus bien-faits alors qu'on veut les vẽdre

MARCELLE.

Que doit donc vn grand cœur aux faueurs qu'il re-
(çoit?

PLACIDE.

S'aduoüant redeuable il rend tout ce qu'il doit.

MARCELLE.

Les ingrats à la foule iront à voſtre eſcole,
Puiſqu'on y deuient quitte en payant de parole.

PLACIDE.

Ie vous diray donc plus puiſque vous me preſſez,

Nous ne vous deuons pas tout ce que vous pensez.

MARCELLE.

Que seriez-vous sans moy?

PLACIDE.

Sans vous? ce que nous sommes.
Nostre Empereur est iuste, & sçait choisir les hõmes
Et mon pere aprés tout ne se trouue qu'au rang,
Où l'auroient mis sans vous ses vertus & son sang.

MARCELLE.

Ne vous souuient-il plus qu'on proscriuit sa teste?

PLACIDE.

Par là vostre artifice en fit vostre conqueste.

MARCELLE.

Ainsi de ma faueur vous nommez les effets?

PLACIDE.

Vn autre amy peut-estre auroit bien fait sa paix,
Et si vostre faueur pour luy s'est employée,
Par son Hymen, Madame, il vous a trop payée,
On voit peu d'vnions de deux telles moitiez,
Et la faueur a part on sçait qui vous estiez.

MARCELLE.

L'ouurage de mes mains auoir tant d'insolence!

PLACIDE.

Elles m'ont mis trop haut pour souffrir vne offence.

MARCELLE.

Quoy vous tranchez icy du nouueau gouuerneur?

PLACIDE.

De mon rang en tous lieux ie soustiendray l'hõneur.

MARCELLE

Considerés donc mieux quelle main vous y porte,
L'Himen seul de Flauie en est pour vous la porte.

PLACIDE.

Si ie n'y puis entrer qu'acceptant cette loy,
Reprenez vostre Egypte & me laissez à moy.

MARCELLE.

Plus il me doit d'hõneurs plus son orgueil me braue!

PLACIDE.

Plus ie reçois d'honneurs moins ie dois estre esclaue.

MARCELLE.

Conseruez ce grand cœur, vous en aurez besoin.

PLACIDE.

Ie le conserueray, Madame, auec grand soin,
Et vostre grand pouuoir en chassera la vie,
Auant que d'y surprendre aucun lieu pour Flauie.

MARCELLE

I'en chasseray du moins l'ennemy qui me nuit.

PLACIDE.

Vous ferez peu d'effet auec beaucoup de bruit.

MARCELLE.

Ie joindray de si prés l'effet à la menace,
Que sa perte aujourd'huy me quittera la place.

PLACIDE.

Vous perdrez aujourd'huy?...

MARCELLE.

Theodore à vos yeux,
M'entendez-vous, Placide? Oüy i'en iure les Dieux

Qu'aujourd'huy mon couroux armé contre son crime
Au pied de leurs Autels en fera ma victime.

PLACIDE.

Et jure à vos yeux ces mesmes Immortels,
Que ie la vangeray iusques sur leurs Autels.
Ie jure plus encor, que si ie pouuois croire
Que vous eußiez dessein d'vne action si noire,
Il n'est point de respect qui me pûst retenir,
D'en punir la pensée & de vous preuenir,
Et que pour guarantir vne teste si chere,
Ie vous irois chercher iusqu'au lict de mon pere.
M'entendez-vous, Madame? Adieu, pensez-y bien,
N'espargnez pas mon sang si vous versez le sien,
Autrement ce beau sang en fera verser d'autre,
Et ma fureur n'est pas pour s'arrester au vostre.

SCENE III.

MARCELLE, STEPHANIE.

MARCELLE.

As-tu veu, Stephanie, vn plus farouche orgueil?
As-tu veu des mespris plus digne du cerceuil?
Et pourrois-ie espargner cette insolente vie,
Si sa perte n'estoit la perte de Flauie,
Dont le cruel destin prend vn si triste cours,
Qu'aux iours de ce barbare il attache ses iours?

STEPHANIE.

Ie tremble encor de voir où sa rage l'emporte.

MARCELLE.

Ma colere en deuient & plus iuste & plus forte,
Et l'aueugle fureur dont ses discours sont plains,
Ne m'arrachera pas ma vangeance des mains.

STEPHANIE.

Aprés vostre vangeance apprehendez la sienne.

MARCELLE.

Qu'vne indigne épouuente à present me retienne?
De ce feu turbulent l'esclat impetueux,
N'est qu'vn foible auorton d'vn cœur presomptueux,
La menace à grand bruit ne porte aucune atteinte,
Elle n'est qu'vn effet d'impuissance & de crainte,
Et qui si prés du mal s'amuse à menacer,
Veut amolir le coup qu'il ne peut repousser.

STEPHANIE.

Theodore viuante il craint vostre colere,
Mais voyez qu'il ne craint que parce qu'il espere,
Et c'est à vous, Madame, à bien considerer,
Qu'il cessera de craindre en cessant d'esperer.

MARCELLE,

L'espoir nourrit sa flâme, & venant à s'esteindre,
Il peut cesser d'aimer aussi bien que de craindre,
Et l'amour rarement passe dans vn tombeau
Qui ne laisse aucun charme à l'obiet le plus beau.
Hazardons, ie ne voy que ce conseil à prendre,
Theodore viuante il n'en faut rien pretendre,

Et Theodore morte, on peut encor douter:
Quel sera le succez que tu veux redouter.
Quoy qu'il arriue en fin, de la sorte outragée,
C'est vn plaisir bien doux que de se voir vangée.
Mais dy-moy, ton indice est-il bien asseuré?

STEPHANIE.

I'en respons sur ma teste, & l'ay trop aueré.

MARCELLE.

Ne t'oppose donc plus à ce moment de joye
Qu'auiourd'huy par ta main le iuste Ciel m'enuoye
Valens vient à propos, & sur tes bons aduis
Ie vay forcer le pere à me vanger du fils,

SCENE IV.

VALENS, MARCELLE, PAVLIN, STEPHANIE.

MARCELLE.

IVsques à quand, Seigneur, voulez-vo⁹ qu'abusée
Au mespris d'vn ingrat ie demeure exposée,
Et qu'vn fils arrogant sous vostre authorité
Outrage vostre femme auec impunité?
Sont-ce là les douceurs, sont-ce là les carresses
Qu'en faisoient à ma fille esperer vos promesses,
Et faut-il qu'vn amour conceu par vostre aduen
Luy couste enfin la vie, & vous touche si peu?

VALENS.

Plûst aux Dieux que mon sãg eust dequoy satisfaire
Et l'amour de la fille, & l'espoir de la mere,
Et qu'en le respandant ie luy puisse gaigner
Ce cœur dont l'insolence oze la desdaigner.
Mais de ses volontez le Ciel est seul le maistre,
I'ay promis de l'amour, il le doit faire naistre,
Si son ordre n'agit, l'effet ne s'en peut voir,
Et ie pense estre quitte y faisant mon pouuoir.

MARCELLE.

Faire vostre pouuoir auec tant d'indulgence,
C'est auec son orgueil estre d'intelligence,
Aussi bien que le fils le pere m'est suspect,
Et vous manquez de foy comme luy de respect.
Ah! si vous desployez cette haute puissance
Que donnent aux parents les droits de la naissance?

VALENS.

Si la haine & l'amour luy doiuent obeyr,
Desployez-la, Madame, à la faire hayr.
Quelque soit le pouuoir d'vn pere en sa famille,
Puis-je plus sur mon fils que vous sur vostre fille,
Et si vous ne pouuez vaincre sa passion,
Dois-ie plus obtenir sur son auersion.

MARCELLE.

Elle tâche à se vaincre, & son cœur y succombe,
Et l'effort qu'elle fait la iette sous la tombe.

VALENS.

Elle n'a toutesfois que l'amour à dompter,

Et Placide bien moins se pourroit surmonter,
Puisque deux passions le font estre rebelle,
L'amour pour Theodore, & la haine pour elle.

MARCELLE.

Ostez-luy Theodore, & son amour dompté,
Vous dompterez sa haine auec facilité.

VALENS.

Pour l'oster à Placide il faut qu'elle se donne,
Aime-t'elle quelque autre ?

MARCELLE. *Elle n'aime personne,*
Mais qu'importe, Seigneur, qu'elle escoute aucuns (vœux?
Ce n'est pas son Hymen, c'est sa mort que ie veux.

VALENS.

Quoy, Madame, abuser ainsi de ma puissance,
A vostre passion immoler l'innocence !
Les Dieux m'en puniroient.

MARCELLE. *Trouuent-ils innocens*
Ceux dont l'impieté leur refuse l'encens ?
Prenez leur interest, Theodore est Chrestienne,
C'est la cause des Dieux & ce n'est plus la mienne.

VALENS.

Souuent la calomnie....

MARCELLE.

Il n'en faut plus parler,
Si vous vous preparez à le dissimuler;
Deuenez protecteur de cette secte impie,
Que l'Empereur iamais ne creut digne de vie,
Mais gardez d'oublier vous faisant leur appuy

Qu'il

Qu'il me demeure encor vn frere auprés de luy.

VALENS.

Sans en importuner l'authorité supresme,
Si ie vous suis suspect, n'en croyez que vous-mesme,
Agissez en ma place & la faites venir,
Quand vous la conuaincrez, ie sçauray la punir,
Et vous recognoistrez que dans le fonds de l'ame
Ie prends comme ie dois l'inthereest d'vne femme.

MARCELLE.

Puisque vous le voulez, i'ozeray la mander,
Allez-y, Stephanie, allez sans plus tarder,

Stephanie s'en va & Marcelle continuë à parler à Valens.

Et si l'on m'a flatée auec vn faux indice
Ie vous iray moy-mesme en demander iustice.

VALENS.

N'oubliez pas alors, que ie la dois à tous,
Et mesme à Theodore aussi bien comme à vous.

MARCELLE.

N'oubliez pas non plus qu'elle est vostre promesse.

Valens s'en va, & Marcelle continuë.

Il est temps que Flauie ait part à l'allegresse,
Auec cette esperance allons la soulager.
Et vous, Dieux, qu'auec moy i'entreprens de vãger,
Agréez ma victime, & pour finir ma peine,
Iettez vn peu d'amour où regne tant de haine,
Ou si c'est trop pour moy qu'il soupire à son tour,
Iettez vn peu de haine où regne tant d'amour.

ACTE II.

SCENE PREMIERE.

THEODORE, CLEOBVLE, STEPHANIE.

STEPHANIE.

Marcelle n'est pas loin, & ie me persuade
Que son amour l'attache auprez de sa malade:
Mais ie vay l'aduertir que vous estes icy,

THEODORE.

Vous m'obligerez fort d'en prendre le soucy,
Et de luy tesmoigner auec quelle franchise
A ses commandements vous me voyez soûmise.

STEPHANIE.

Dans vn moment, ou deux, vous la verrez venir.

SCENE II.

CLEOBVLE, THEODORE.

CLEOBVLE.

Tandis permettez-moy de vous entretenir,
Et de blâmer vn peu cette vertu farouche,
Cette insensible humeur qu'aucun obiet ne touche,
D'où naissent tant de feux sans pouuoir l'enflâmer;

Et qui semble hayr quiconque oze l'aymer.
Ie veux bien auec vous que dessous vostre empire
Toute nostre ieunesse en vain brûle & soûpire.
I'approuue les mespris que vous rendez à tous,
Le Ciel n'en a point fait qui soient digne de vous:
Mais ie ne puis souffrir que la grandeur Romaine
S'abaissant à vos pieds ait part à cette haine,
Et que vous egaliez dedans vos sentiments
Ces maistres de la Terre aux vulguaires amants.
Quoy qu'vne aspre vertu du nom d'amour s'irrite,
Elle trouue sa gloire à ceder au merite,
Et sa seuerité ne luy fait point de loix
Qu'elle n'aime à briser pour vn illustre choix.
Voyez ce qu'est Valens, voyez ce qu'est Placide,
Voyez sur quels Estats l'vn & l'autre preside.
Où le pere & le fils peuuent vn iour regner,
Et cessez d'estre aueugle & de le desdaigner.

THEODORE,

Ie ne suis point aueugle, & voy ce qu'est vn homme
Qu'esleuent la naissance, & la Fortune, & Rome,
Ie rends ce que ie dois à l'esclat de son sang,
I'honore son merite, & respecte son rang.
Mais vous cognoissez mal cette vertu farouche,
De vouloir qu'auiourd'huy l'ambition la touche,
Et qu'vne ame insensible aux plus saintes ardeurs,
Cede honteusement à l'esclat des grandeurs.
Si cette fermeté dont elle est annoblie,
Par quelques traits d'amour pouuoit estre affoiblie,

Mon cœur plus incapable encor de vanité,
Ne feroit point de choix que dans l'égalité,
Et rendant aux grandeurs vn respect legitime,
I'honorerois Placide, & i'aymerois Dydime.

CLEOBVLE.

Dydime, que sur tous vous semblez dédaigner!

THEODORE.

Dydime que sur tous ie tasche d'esloigner,
Et qui verroit bien-tost sa flâme couronnée
Si mon ame à mes sens estoit abandonnée,
Et se laissoit conduire à ces impressions
Que forment en naissant les belles passions.
Mais comme enfin c'est luy qu'il faut que plus ie craigne,
Plus ie panche à l'aymer, & plus ie le desdaigne,
Et m'arme d'autant plus que mon cœur en secret
Voudroit s'en laisser vaincre & combat à regret.
Ie me fais tant d'effort lors que ie le mesprise,
Que par mes propres sens ie crains d'estre surprise,
I'e crains vne reuolte, & que las d'obeïr
Comme ie les trahis ils ne m'osent trahir.
Voilà, pour vous montrer mon ame toute nuë,
Ce qui m'a fait bannir Dydime de ma veuë,
Ie crains d'en receuoir quelque coup d'œil fatal,
Et chasse vn ennemy dont ie me deffends mal.
Voilà quelle ie suis, & quelle ie veux estre,
La raison quelque iour s'en fera mieux cognoistre,
Nommez-la cependant vertu, caprice, orgueil,

Ce dessein me suiura iusques dans le cercueil.

CLEOBVLE.

Il peut vous y pousser si vous n'y prenez garde,
D'vn œil enuenimé Marcelle vous regarde,
Et se prenant à vous du mauuais traitement
Que sa fille à ses yeux reçoit de vostre amant,
Sa ialouse fureur ne peut estre assouuie
A moins de vostre sang, à moins de vostre vie,
Ce n'est plus en secret qu'esclate son couroux,
Elle en parle tout haut, elle s'en vante à nous,
Elle en iure les Dieux, & ce que i'aprehende,
Pour ce triste suiet sans doute elle vous mande,
Dans vn peril si grand faites vn protecteur.

THEODORE.

Si ie suis en peril, Placide en est l'autheur,
L'amour qu'il a pour moy luy seul m'y precipite,
C'est par là qu'on me hait, c'est par là qu'on s'irrite,
On n'en veut qu'à sa flâme, on n'en veut qu'à son choix,
C'est contre luy qu'on arme ou la force, ou les loix,
Tous les vœux qu'il m'adresse auancent ma ruine,
Et par vne autre main c'est luy qui m'assaßine.
Ie sçay quel est mon crime, & ie ne doute pas
Surquoy l'on doit fonder l'Arrest de mon trespas,
Ie l'attēs sans frayeur, mais de quoy qu'on m'accuse,
S'il portoit à Flauie vn cœur que ie refuse,
Qui veut finir mes iours les voudroit proteger,
Et par ce changement il feroit tout changer.

Mais mon peril le flatte, & son cœur en espere
Ce que iusqu'à present tous ses soins n'ont pû faire;
Il attend que du mien i'achepte son appuy;
I'en trouueray peut-estre vn plus puissant que luy;
Et s'il me faut perir, dites luy qu'auec ioye
Ie cours à cette mort où son amour m'enuoye,
Et que par vn exemple assez rare à nommer
Ie periray pour luy si ie ne puis l'aymer.

CLEOBVLE.

Ne vous pas mieux seruir d'vn aduis si fidelle
C'est ...

THEODORE.

Quittons ce discours, ie voy venir Marcelle

SCENE III.

MARCELLE, THEODORE, CLEOBVLE, STEPHANIE.

MARCELLE, à Cleobule.

QVoy! toûiours l'vn ou l'autre est par vo⁹ obsedé
Qui vous améne icy? vous auois-ie mandé
Et ne pourray-ie voir, Theodore, ou Placede,
Sans que vous leur seruiez d'interprette ou de guide
Cette assiduité marque vn zele imprudent,
Et ce n'est pas agir en adroit confident.

CLEOBVLE.

Ie croy qu'on me doit voir d'vne ame indifferente

Accompagner icy, Placide, & ma parente;
Ie fay ma Cour à l'vn à cause de son rang,
Et rends vn soin à l'autre où m'oblige le sang.

MARCELLE.

Vous estes bon parent.

CLEOBVLE.

Elle m'oblige à l'estre.

MARCELLE.

Vostre humeur genereuse aime à le reconnoistre,
Et sensible aux faueurs que vous en receuez
Vous rendez à tous deux ce que vous leur deuez.
Vn si rare seruice aura sa récompense,
Plus grãde qu'on n'estime, & plûtost qu'on ne pense;
Cependant quittez nous, que ie puisse à mon tour
Seruir de confidente à cét illustre amour.

CLEOBVLE.

Ne croyez pas, Madame...

MARCELLE. *Obeïssez, de grace,*
Ie sçay ce qu'il faut croire, & voy ce qui se passe.

SCENE IV.

MARCELLE, THEODORE, STEPHANIE.

MARCELLE, à Theodore.

NE vous offensez pas, obiet rare & charmant,
Si ma haine auec luy traite vn peu rudement,

Ce n'est point auec vous que ie la dißimule,
Ie cheris Theodore, & ie hay Cleobule,
Et par vn pur effet du bien que ie vous veux,
Ie ne puis voir icy ce parent dangereux.
Ie sçay que pour Placide il vous fait tout facile,
Qu'en sa grandeur nouuelle il vous peint vn azile,
Et tasche à vous porter iusqu'à la vanité
D'esperer me brauer auec impunité :
Ie n'ignore non plus que vostre ame plus saine
Cognoissant son deuoir, ou redoutant ma haine,
Reiette ses conseils, en desdaigne le prix,
Et fait de ses grandeurs vn genereux mespris.
Mais comme auec le temps il pourroit vous seduire,
Et vous, changeant d'humeur, me forcer à vo⁹ nuire,
I'ay voulu vous parler pour vous mieux aduertir,
Qu'il seroit malaisé de vous en garantir,
Que si ce qu'est Placide enfloit vostre courage
Ie puis en vn moment renuerser mon ouurage,
Abatre sa fortune, & destruire auec luy
Quiconque m'ozeroit opposer son appuy.
Gardez donc d'aspirer au rang où ie l'esleue,
Qui commence le mieux ne fait rien s'il n'acheue,
Ne seruez point d'obstacle à ce que i'en pretens,
N'acquerez point ma haine en perdãt vostre temps;
Croyez que me trõper c'est vous tromper vous-mesme
Et si vous vous aymez souffrez que ie vous ayme.

THEODORE.

Ie n'ay point veu, Madame, encor iusqu'à ce iour

Auec

Auec tant de menace expliquer tant d'amour,
Et peu faite à l'honneur de pareilles visites
I'aurois lieu de douter de ce que vous me dites,
Mais soit que ce puisse estre, ou feinte, ou verité,
Ie veux bien vous respondre auec sincerité.
Quoy que vous me iugiez l'ame basse & timide,
Ie croirois sans faillir pouuoir aymer Placide,
Et si la passion auoit pû me toucher
I'aurois assez de cœur pour ne le point cacher:
Cette haute puissance à ses vertus renduë,
L'esgale presque aux Roys dont ie suis descenduë,
Et si Rome & le temps m'en ont osté le rang
Il m'en demeure encor le courage & le sang.
Dans mon sort raualé ie sçay viure en Princesse,
Ie fuy l'ambition, mais ie hay la foiblesse,
Et comme ses grandeurs ne peuuent m'ébranler
L'épouuente non plus ne me fait point parler.
Ie l'estime beaucoup, mais en vain il soûpire,
Quand mesme sur ma teste il feroit choir l'Empire,
Vous me verriez respondre à cette illustre ardeur
Auec la mesme estime & la mesme froideur.
Sortez d'inquietude, & m'obligez de croire
Que la gloire où i'aspire est toute vne autre gloire,
Et que sans m'éblouïr de cét éclat nouueau
Plûtost que dans son lit i'entrerois au tombeau.

MARCELLE.

Ie vous croy, mais souuent l'amour brûle sans luire,
Dans vn profond secret il aime à se conduire,

Et voyant Cleobule aller tant & venir,
Entretenir Placide, & vous entretenir,
I'ay tousiours dedans l'ame vn reste de scrupule,
Que ie blâme moy-mesme & tiens pour ridicule,
Mais mon cœur soupçonneux ne s'en peut départir
Vous auez deux moyens de m'en faire sortir.
Espousez, ou Dydime, ou Cleante, ou quelqu'autre,
Ne m importe pas qui, mon choix suiura le vostre,
Et ie le combleray de tant de dignitez
Que peut-estre il vaudra ce que vous me quittez;
Ou si vous ne pouuez si tost vous y resoudre,
Iurez moy par ce Dieu qui porte en main la foudre,
Et dont tout l'Vniuers doit craindre le couroux,
Que Placide iamais ne sera vostre espoux.
Ie luy fais pour Flauie offrir vn sacrifice,
Peut-estre que vos vœux le rendront plus propice,
Venez les ioindre aux miens & le prēdre à tesmoin.

THEODORE.

Ie veux vous satisfaire, & sans aller si loin,
I'atteste icy le Dieu qui lance le tonnerre,
Ce Monarque absolu du Ciel & de la Terre,
Et dont tout l'Vniuers doit craindre le couroux,
Que Placide iamais ne sera mon espoux.
En est-ce assez, Madame, estes-vous satisfaite?

MARCELLE,

Ce serment à peu prés est ce que ie souhaite;
Mais pour vous dire tout, la sainteté des lieux,
Le respect des Autels, la presence des Dieux,

Le rendant & plus ſaint & plus inuiolable,
Me le pourroient auſsi rendre bien plus croyable.

THEODORE.

Le Dieu que i'ay iuré connoiſt tout, entend tout,
Il remplit l'Vniuers de l'vn à l'autre bout,
Sa grandeur eſt ſans borne ainſi que ſans exemple,
Il n'eſt pas moins icy qu'au milieu de ſon Temple,
Et ne m'entend pas mieux dans ſon Temple qu'icy.

MARCELLE.

S'il vous entend par tout, ie vous entens auſsi,
On ne m'éblouït pas d'vne mauuaiſe ruſe,
Suiuez moy dans le Temple, & toſt, & ſans excuſe.

THEODORE.

Voſtre cœur ſoupçonneux ne m'y croiroit non plus,
Et ie vous y ferois des ſerments ſuperflus.

MARCELLE.

Vous deſobeyſſez ?

THEODORE.

Ie croy vous ſatisfaire.

Suiuez, ſuiuez mes pas, THEODORE.

Se ſeroit vous déplaire.
Vos deſſeins d'autant plus en ſeroient reculez,
Ma deſobeyſſance eſt ce que vous voulez.

MARCELLE.

Il faut de deux raiſons que l'vne vous retienne,
Ou vous aymez Placide, ou vous eſtes Chreſtienne

THEODORE.

Oüy, ie la ſuis, Madame, & le tiens à plus d'heur.

Qu'vne autre ne tiendroit toute vostre grandeur;
Ie voy qu'on vous l'a dit, ne cherchez plus de ruse,
I'aduouë, & hautement, & tost, & sans excuse,
Armez vous à ma perte, éclatez, vangez-vous,
Par ma mort à Flauie asseurez vn espoux,
Et noyez dans ce sang dont vous estes auide
Et le mal qui la tuë, & l'amour de Placide.

MARCELLE.

Oüy, pour vous en punir ie n'espargneray rien,
Et l'interest des Dieux asseurera le mien.

THEODORE.

Le vostre en mesme temps asseurera ma gloire,
Et triomphant de moy m'apporte vne victoire
Si haute, si durable, & si plaine d'apas,
Qu'on l'achepte trop peu des plus cruels trespas.

MARCELLE.

De cette illusion soyez persuadée,
Perissant à mes yeux triomphez en idée,
Goûtez d'vn autre monde à loisir les apas,
Et deuenez heureuse ou ie ne seray pas.
Ie n'en suis point ialouse, & toute ma puissance
Vous veut bien d'vn tel heur haster la iouïssance,
Mais gardez de pâlir, & de vous estonner
Entrant dans le chemin qui vous y doit mener.

THEODORE.

La mort n'a que douceur pour vne ame chrestienne.

MARCELLE.

Vostre felicité va donc faire la mienne.

THEODORE.

Vostre haine est trop lente à me la procurer.

MARCELLE.

Vous n'aurez pas sujet long-temps d'en murmurer,
Allez trouuer Valens, allez, ma Stephanie,
Mais, demeurez, il vient.

SCENE V.

VALENS, MARCELLE, THEODORE, PAVLIN, STEPHANIE.

MARCELLE.

CE n'est point calomnie,
Seigneur, elle est Chrestienne, & s'en oze vanter.

VALENS.

Theodore, parlez sans vous espouuanter ?

THEODORE.

Puisque ie suis coupable aux yeux de l'iniustice,
Ie fais gloire du crime, & j'aspire au supplice,
Et d'vn crime si beau le supplice est si doux
Que qui le peut connoistre en doit estre ialoux.

VALENS.

Ie ne recherche plus la damnable origine
De cette amour aueugle ou Placide s'obstine,
Cette noire magie ordinaire aux Chrestiens
L'arreste indignement dans vos honteux liens,

Vostre charme aprés luy se respand sur Flauie,
De l'vn il prend le cœur, & de l'autre la vie.
Vous osez donc ainsi iusques dans ma maison,
Iusques sur mes enfans verser vostre poison?
Vous osez de tous deux en faire vos victimes?

THEODORE.

Seigneur, il ne faut point me supposer des crimes,
C'est à des faussetez sans besoin recourir,
Puisque ie suis Chrestienne il suffit pour mourir,
Ie suis preste, où faut-il que ie porte ma vie?
Ou me veut vostre haine immoler à Flauie?
Hastez, hastez, Seigneur, ces heureux châtimens
Qui feront mes plaisirs & vos contentements.

VALENS.

Ah, ie rabatray bien cette fiere constance.

THEODORE.

Craindrois-je des tourments qui sont ma récópence.

VALENS.

Oüy, i'en sçay que peut-estre aisémēt vous craindrés
Vous en receurez l'ordre, & vous en resoudrés,
Ce courage tousiours ne sera pas si ferme.
Paulin, que là dedans pour prison on l'enferme,
Mettez-y bonne garde.

Paulin la conduit auec quelques Soldats, & l'ayant enfermée il reuient incontinent.

SCENE VI.

MARCELLE, VALENS, STEPHANIE, PAVLIN.

MARCELLE.

ET quoy pour la punir
Quand le crime est constant qui vous peut retenir?

VALENS.

Agréerez-vous le choix que ie fais d'vn supplice?

MARCELLE.

I'agréeray tout, Seigneur, pourueu qu'elle perisse,
Choisissez le plus doux ce sera m'obliger.

VALENS.

Ah que vous sçauez mal comme il se faut vanger.

MARCELLE.

Ie ne suis point cruelle, & n'en veux à sa vie
Que pour rendre Placide à l'amour de Flauie,
Ostez nous cét obstacle à nos contentements,
Mais en faueur du sexe espargnez les tourments,
Qu'elle meure, il suffit.

VALENS.

Oüy, sans plus de demeure
Pour l'interest des Dieux ie consens qu'elle meure,
Indigne de la vie elle doit en sortir,
Mais pour vostre interest ie n'y puis consentir.
Quoy, Madame, la perdre est-ce gaigner Placide?

Croyez-vous que sa mort le change, ou l'intimide;
Que ce soit vn moyen d'estre aimable à ses yeux
Que de mettre au tombeau ce qu'il aime le mieux ?
Ah, ne vous flattez point d'vne esperance vaine,
En cherchant son amour vous redoublez sa haine;
Et dans le desespoir où vous l'allez plonger
Loin d'en aimer la cause il voudra s'en vanger.
Chaque iour à ses yeux cette ombre ensanglantée
Sortant des tristes nuits où vous l'auez iettée
Vous peindra toutes deux auec des traits d'horreur
Qui feront de sa haine vne aueugle fureur,
Et lors ie ne dy pas tout ce que i'apprehende:
Son ame est violente, & son amour est grande,
Verser le sang aimé ce n'est pas l'en guerir,
Et le desesperer ce n'est pas l'acquerir.

MARCELLE.

Ainsi donc vous laissez Theodore impunie ?

VALENS.

Non, ie la veux punir, mais par l'ignominie,
Et pour forcer Placide à vous porter ses vœux,
Rendre cette Chrestienne indigne de ses feux.

MARCELLE.

Ie ne vous entends point.

VALENS.

Contentés-vous, Madame,
Que ie voy plainement les desirs de vostre ame,
Que de vostre interest ie veux faire le mien,
Allez, & sur ce point ne demandez plus rien,

Si

Si ie m'expliquois mieux, quoy que son ennemie,
Vous la guarantiriez d'vne telle infamie,
Et quelque bon succez qu'il en faille esperer,
Vostre haute vertu ne pourroit l'endurer.
Agréez ce supplice & sans que ie le nomme,
Sçachez qu'assez souuent on le pratique à Rome,
Il est craint des Chrestiens, il plaist à l'Empereur,
Aux filles de sa sorte il fait le plus d'horreur,
Et celle qu'auiourd'huy veut perdre vostre haine
Voudroit de mille morts rachepter cette peine.

MARCELLE.

Soit que vous me vouliez esblouir, ou vanger,
Iusqu'à l'éuenement ie n'en veux point iuger,
Ie vous en laisse faire. Adieu, disposez d'elle,
Mais gardez d'oublier qu'enfin ie suis Marcelle,
Et que si vous trompez vn si iuste couroux
Ie me sçauray bien-tost vanger d'elle & de vous.

SCENE VII.

VALENS, PAVLIN.

VALENS.

L'Imperieuse humeur ! voy comme elle me braue,
Comme son fier orgueil m'ose traiter d'esclaue.

PAVLIN.

Seigneur, i'en suis confus, mais vous le meritez,
Au lieu d'y resister vous vous y soubmettez.

VALENS.

Ne t'imagine pas que dans le fonds de l'ame
Ie prefere à mon fils les fureurs d'vne femme,
L'vn m'est plꝰ cher que l'autre, & par ce triste arrest
C'est de luy seulement que ie prens l'interest.
Theodore est Chrestienne, & ce honteux supplice
Vient moins de ma rigueur que de mon artifice.
Cette haute infamie ou ie la veux plonger
Est moins pour la punir que pour la voir changer.
Ie cognoy les Chrestiens, la mort la plus cruelle
Endurcit leur constance, & redouble leur zele,
Et sans s'épouuenter de tous nos châtiments
Ils trouuent des douceurs au milieu des tourments.
Mais la pudeur peut tout sur l'esprit d'vne fille
Dont la vertu respond à l'illustre famille,
Et i'attens auiourd'huy d'vn si puissant effort
Ce que n'obtiendroient pas les frayeurs de la mort.
Aprés ce grand effet i'oseray tout pour elle,
En despit de Flauie, en despit de Marcelle,
Et ie n'ay rien à craindre auprés de l'Empereur
Si ce cœur endurcy renonce à son erreur.
Luy-mesme il me loüera d'auoir sçeu la reduire,
Luy-mesme il destruira ceux qui m'en voudroient (nuire
I'auray lieu de brauer Marcelle, & ses amis
Ma vertu me soustient ou son credit m'a mis,
Mais elle me perdroit quelque rang que ie tienne
Si i'osois à ses yeux sauuer vne Chrestienne.
Va la voir de ma part, & tasche à l'estonner,

Dy-luy qu'à tout le peuple on va l'abandonner,
Tranche le mot en fin, que ie la prostituë,
Et quand tu la verras troublée & combatuë,
Donne entrée à Placide & laisse agir son feu:
Mais sur tout cache-luy que c'est par mon adueu.
Les larmes d'vn amant, & sa honte si proche
Pourront en sa faueur fendre ce cœur de roche.
Alors elle n'a point d'ennemis si puissans,
Dont elle ne triomphe auec vn peu d'encens,
Et cette ignominie où ie l'ay condamnée
Se changera soudain en heureux Hymenée.

PAVLIN.

Vostre prudence est rare & i'ensuiuray les loix.
Vueille le iuste Ciel seconder vostre choix,
Et par vne influence vn peu moins rigoureuse
Disposer Theodore à vouloir estre heureuse.

ACTE III.

SCENE PREMIERE.

THEODORE, PAVLIN.

THEODORE.

OV m'allez-vous conduire?

PAVLIN.

Il est en vostre choix,
Suiuez moy dans le Temple, ou subissez nos loix.

THEODORE.

De cette indignité Valens, est donc capable?

PAVLIN.

Il esgale la peine au crime du coupable.

THEODORE

Si le mien est trop grand pour le dissimuler
N'est-il point de tourments qui puissent l'esgaler?

PAVLIN.

Comme dans les tourments vous trouuez des delices
Il veut dans les plaisirs vous trouuer des supplices,
Et par vn chastiment aussi grand que nouueau
De vostre vertu mesme il fait vostre boureau.

THEODORE.

Ah! que c'est en effet vn estrange supplice
Quand la vertu se voit sacrifiée au vice.

PAVLIN.

Ce mespris de la mort qui par tout à nos yeux
Braue si hautement & nos loix, & nos Dieux,
Cette indigne fierté ne seroit pas punie
A ne vous rien oster de plus cher que la vie.
Il vous faut arracher pour punir ces mespris
Ce que chez vostre sexe on met à plus haut prix,
Ou qu'en fin ce grand cœur que feu ny fer ne dopte,
Soit dompté par l'effort d'vne loüable honte,
Et que vostre pudeur rende à nos immortels
L'encens que vostre orgueil refuse à leurs Autels.

THEODORE.

Valens me fait par vous porter cette menace,

Mais s'il hait les Chrestiens, il respecte ma race,
Le sang d'Antiochus n'est pas encor si bas
Qu'on l'abandonne en proye aux plaisirs des soldats.

PAVLIN.

Ne vous figurez point qu'en vn tel sacrilege
Le sang d'Antiochus ait quelque priuilege,
Les Dieux sont au dessus des Roys dont vous sortez,
Et l'on vous traite icy comme vous les traitez,
Vous les deshonorez, & l'on vous deshonore.

THEODORE.

Vous leur immolez donc l'honneur de Theodore,
A ces Dieux dont en fin la plus sainte action
N'est qu'inceste, adultere, & prostitution?
Pour vanger les mespris que ie fais de leurs Tẽples
Ie me voy condamnée à suiure leurs exemples,
Et dans vos dures loix ie ne puis esuiter
Ou de leur rendre hommage, ou de les imiter.
Dieu de la pureté que vos loix sont bien autres!

PAVLIN.

Au lieu de blasphemer obeyssez aux nostres,
Et ne redoublez point par vos impietez
La haine & le couroux de nos Dieux irritez,
Aprés nos châtiments ils ont encor leur foudre,
On vous donne de grace vne heure à vous resoudre,
Vous sçauez vostre Arrest, vous auez à choisir,
Vsez vtilement de ce peu de loisir.

THEODORE.

Quelles sont vos rigueurs, si vous les nommez grace,

Et quel choix voulez-vous qu'vne Chrestienne face,
Reduite à balancer son esprit agité
Entre l'Idolatrie, & l'impudicité?
Le choix est inutile ou les maux sont extresmes,
Reprenez vostre grace & choisissez vous mesmes,
Quiconque peut choisir consent à l'vn des deux,
Et le consentement est seul lasche & honteux.
Dieu tout iuste & tout bon, qui lit dans nos pensées
N'impute point de crime aux actions forcées?
Soit que vo⁹ cõtraigniez pour vos Dieux impuissants
Mon corps à l'infamie, ou ma main à l'encens,
Ie sçauray conseruer d'vne ame resoluë
A l'espoux sans macule vne espouse impoluë.

SCENE II.

PLACIDE, THEODORE, PAVLIN.

THEODORE.

MAis que vois-je? Ah, Seigneur, est-ce Marcelle, ou vous,
Dont sur mon innocence esclate le couroux?
L'Arrest qu'à contre moy prononcé vostre pere,
Est-ce pour le vanger, ou pour vous satisfaire?
Est-ce mon ennemie ou mon illustre amant
Qui du nom de ses Dieux abuse insolemment?
Ou si vos feux en fin de sa haine complices
Me voyant accusée ont choisy mes supplices,

Et changeant en fureur vos respects genereux
Font mon premier bourreau d'vn Heros amoureux ?

PLACIDE.

Laissez nous seuls, Paulin.

PAVLIN.

On me l'a mise en garde.

PLACIDE.

Ie sçay iusqu'à quel point ce deuoir vous regarde,
Prenez soin de la porte, & sans me repliquer,
Ce n'est pas deuant vous que ie veux m'expliquer.

PAVLIN.

Seigneur ....

PLACIDE.

Laissez-nous dis-ie, & craignez ma colere,
vous guarantiray de celle de mon pere.

SCENE III.

THEODORE, PLACIDE.

THEODORE.

QVoy, vous chassez Paulin, & vous craignez ses yeux,
Vous qui ne craignez pas la colere des Cieux ?

PLACIDE.

Redoublez vos mespris, mais banissez des craintes
Qui portent à mon cœur de plus rudes atteintes,
Ils sont encor plus doux que les indignitez

Qu'imputent vos frayeurs à mes temeritez,
Et ce n'est pas contr'eux que mon ame s'irrite,
Ie sçay qu'ils font iustice à mon peu de merite,
Et lors que vous pouuiez iouyr de vos dédains
Si i'osois les nommer quelquefois inhumains.
Ie les iustifiois dedans ma consçience,
Et ie n'attendois rien que de ma patience,
Sans que pour ces grandeurs qui font tant de jaloux
Ie me sois iamais creu moins indigne de vous.
Aussi ne pensez pas que ie vous importune
De payer mon amour, ou de voir ma fortune,
Ie ne demande pas vn bien qui leur soit deu,
Mais ie viens pour vo⁹ rēdre vn bien presque perdu,
Encor le mesme amant qu'vne rigueur si dure
A tousiours veu brûler, & souffrir sans murmure,
Qui plaint du sexe en vous les respects violez,
Vostre liberateur enfin si vous voulez.

THODORE.

Pardonnez donc, Seigneur, à la premiere idée
Qu'à ietté dans mon ame vne peur mal fondée,
De mille obiets d'horreur mon esprit combatu
Auroit tout soupçonné de la mesme vertu :
Dans vn peril si proche & si grand pour ma gloire
Comme ie dois tout craindre, aussi ie dois tout croire
Et mon honneur timide entre tant d'ennemis
Sur les ordres du pere a mal iugé du fils.
Ie voy, graces au Ciel, par vn effet contraire
Que la vertu du fils soustient celle du pere,

Qu'elle

Qu'elle ranime en luy la raison qui mouroit,
Qu'elle rappelle en luy l'honneur qui s'égaroit,
Et le restablissant dans vne ame si belle
Destruit heureusement l'ouurage de Marcelle.
Donc à vostre priere il s'est laissé toucher ?

PLACIDE.

I'aurois touché plûtost vn cœur tout de rocher,
Soit crainte, soit amour qui possede son ame,
Elle est toute asseruie aux fureurs d'vne femme,
Ie le dis à ma honte, & i'en rougis pour luy,
Il est inexorable, & i'en mourois d'ennuy :
Si nous nauions l'Egipte où fuir l'ignominie,
Dont vous veut laschement combler sa tyrannie.
Consentez-y, Madame, & ie suis assez fort
Pour rompre vos prisons & chãger vostre sort,
Que si vostre pudeur au peuple abandonnée
S'en peut mieux affranchir que par mon Hymenée,
S'il est quelqu'autre voye à vous sauuer l'honneur,
I'y consens, & renonce encor à mon bon-heur ;
Mais si contre vn Arrest à cét honneur funeste
Pour en rompre le coup ce moyen seul vous reste,
Si refusant Placide il vous faut estre à tous,
Fuyez cette infamie en suiuant vn espoux,
Suiuez moy dans des lieux où ie seray le maistre,
Où vous serez sans peur ce que vous voudrez estre.
Et peut-estre suiuant ce que vous resoudrez
Ie ne seray bien-tost que ce que vous voudrez.
C'est assez m'expliquer, que rien ne vous retienne,

Ie vous aime, Madame, & vous aime Chrestienne;
Venez me donner lieu d'aimer ma dignité
Qui fera mon bon-heur & vostre seureté.

THEODORE.

N'esperez pas, Seigneur, que mon sort déplorable
Me puisse à vostre amour rendre plus fauorable,
Et que d'vn si grand coup mon esprit abatu
Defere à ses malheurs plus qu'à vostre vertu.
Ie l'ay tousiours cognuë, & tousiours estimée,
Ie l'ay plainte souuent d'aimer sans estre aimée,
Et par tous ces desdains où i'ay sçeu recourir
I'ay voulu vous desplaire afin de vous guerir.
Loüez-en le dessein en apprenant la cause,
Vn obstacle eternel à vos desirs s'oppose,
Chrestiẽne, & sous les loix d'vn plus puissãt époux;
Mais, Seigneur, à ce mot ne soyez pas jaloux,
Quelque haute splendeur que vous teniez de Rome,
Il est plus grand que vous, mais ce n'est point vn homme,
C'est le Dieu des Chrestiens, c'est le maistre des Roys
C'est luy qui tiẽt ma foy, c'est luy dont i'ay fait choix
Et c'est enfin à luy que mes vœux ont donnée
Cette virginité que l'on a condamnée.
Que puis-je donc pour vous n'ayant rien à donner?
Et par où vostre amour se peut-il couronner,
Si pour moy vostre Hymen n'est qu'vn lasche adultere
D'autant plus criminel qu'il seroit volontaire,
Dont le Ciel puniroit les sacrileges nœuds,

Et que ce Dieu ialoux vangeroit sur tous deux ?
Non, non, en quelque estat que le sort m'ait reduite,
Ne me parlez, Seigneur, n'y d'Hymen n'y de fuite,
C'est changer d'infamie, & non pas l'esuiter,
Loin de m'en guarantir c'est m'y precipiter.
Mais pour brauer Marcelle, & m'affrãchir de hon(te,
Il est vne autre voye & plus seure & plus prompte,
Que dans l'eternité i'aurois lieu de benir,
La mort, & c'est de vous que ie dois l'obtenir.
Si vous m'aimez encor, comme i'ose le croire,
Vous deuez cette grace à vostre propre gloire.
En m'arrachant la mienne on la va déchirer,
Et c'est vous que par moy l'on va deshonorer.
L'amant si fortement s'vnit à ce qu'il aime,
Qu'il en fait dans son cœur vne part de luy-mesme,
C'est par là qu'on vous blesse, & c'est par là, Sei(gneur,
Que peut iusques à vous aller le deshõneur.
Tranchez donc cette part par ou l'ignominie
Pourroit soüiller l'éclat d'vne si belle vie,
Rendez à vostre honneur toute sa pureté,
Et mettez par ma mort son lustre en seureté.
Mille, dont vostre Rome adore la memoire,
Se sont bien tous entiers immolez à leur gloire,
Comme eux en vray Romain de la vostre ialoux,
Immolez cette part trop indigne de vous,
Sauuez la par sa perte, ou si quelque tendresse
A ce bras genereux imprime sa foiblesse,
Si du sang d'vne fille il craint à se rougir,

Armez, armez, le mien, & le laissez agir,
Ma loy me le deffend, mais mon Dieu me l'inspire,
Il parle, & i'obeys à son secret empire,
Et contre l'ordre exprés de son commandement
Ie sens que c'est de luy que vient ce mouuement,
Pour le suiure, Seigneur, prestez donc cette espée.

PLACIDE.

Vous l'aurez, vous l'aurez, mais dãs mon sang trem-pée,
Et vostre bras du moins en receura du mien
Le glorieux exemple auant que le moyen.

THEODORE.

Ah, ce n'est pas pour vous vn mouuement à suiure,
C'est à moy de mourir, mais c'est à vous de viure.

PLACIDE.

Ah, faites moy donc viure, ou me laissez mourir,
Cessez de me tuer, ou de me secourir,
Puisque vous n'écoutez ny mes vœux, ny mes larmes
Puisque la mort pour vous a plus que moy de char-mes,
Souffrez que ce trespas que vous trouuez si doux
Ait à son tour pour moy plus de douceur que vous.
Puis-je viure, & vous voir morte, ou deshonorée ?
Vous que de tout mon cœur i'ay tousiours adorée ?
Vous qui de mon destin reglez le triste cours ?
Vous ou ie mets ma gloire, ou i'attache mes iours ?
Non, non, s'il faut vous voir deshonorée, ou morte,
Souffrez vn desespoir où la raison me porte,
Renoncer à la vie auant de tels malheurs

Ce n'est que preuenir l'effet de mes douleurs.
En ces extremitez ie vous coniure encore,
Non par ce zele ardant d'vn cœur qui vous adore,
Non par ce vain éclat de tant de dignitez,
Trop au dessous du sang des Roys dont vous sortez;
Non par ce desespoir ou vous poussez ma vie
Mais par la sainte horreur que vous fait l'infamie,
Par le Dieu que i'ignore & pour qui vous viuez,
Et par ce mesme bien que vous luy conseruez,
Daignez en esuiter la perte irreparable,
Et sous les saints liens d'vn nœud si venerable
Mettez en seureté ce qu'on va vous rauir.

THEODORE.

Vous n'estes pas celuy dont Dieu s'y veut seruir:
Il sçaura bien sans vous en susciter vn autre,
Dont le bras moins puissant, mais plus saint que le vostre
Par vn zele plus pur se fera mon apuy,
Sans porter ses desirs sur vn bien tout à luy.
Mais parlez à Marcelle.

SCENE IV.

PLACIDE, MARCELLE, THEODORE, PAVLIN, STEPHANIE.

PLACIDE.

Ah Dieux quelle infortune!
Faut-il qu'à tous moments...

MARCELLE. *Ie vous suis importune*
De messer ma presence aux secrets des amants
Qui n'ont iamais besoin de pareils truchements.

PAVLIN.

Madame, on m'a forcé de puissance absoluë.

MARCELLE, à Paulin.

L'ayant soufferte ainsi vous l'auez bien voulu,
Ne me repliquez plus, & me la renfermez.

SCENE V.

MARCELLE, PLACIDE, STEPHANIE.

MARCELLE.

Ainsi donc vos desirs en sont toûiours charmez,
Et quand vn iuste Arrest la couure d'infamie
Comme de tout l'Empire & des Dieux ennemie,
Au milieu de sa honte elle plaist à vos yeux

Et vous fait l'ennemy de l'Empire & des Dieux,
Tant les illuſtres noms d'infame & de rebelle
Vous ſemblent precieux à les porter comme elle?
Vous trouuez ie m'aſſeure, en vn ſi digne lieu
Cét obiet de vos vœux encor digne d'vn Dieu?
I'ay conſerué ſon ſang de peur de vous déplaire,
Et pour ne forcer pas voſtre iuſte colere,
A ce ſerment conceu par tous les Immortels
De vanger ſon treſpas iuſques ſur les Autels.
Vous vous eſtiez par là fait vne loy ſi dure
Que ſans moy vous ſeriez ſacrilege, ou pariure,
Ie vous en ay fait grace en luy laiſſant le iour,
Et i'eſpargne du moins vn crime à voſtre amour.

PLACIDE.

Triomphez-en dans l'ame, & tâchez de paroiſtre
Moins inſenſible aux maux que vous auez fait naiſtre,
En l'eſtat où ie ſuis c'eſt vne laſcheté
D'inſulter aux malheurs où vous m'auez ietté.
Et l'amertume enfin de cette raillerie
Auroit tourné bien-toſt ma douleur en furie.
Si quelque eſpoir arreſte & ſuſpend mon couroux,
Il ne peut eſtre grand puis qu'il n'eſt plus qu'en vous
En vous que i'ay traitée auec tant d'inſolence,
En vous de qui la haine a tant de violence,
Contre ces malheurs meſme où vous m'auez ietté
I'eſpere encor en vous trouuer quelque bonté.
Ie fais plus, ie l'implore, & cette ame ſi fiere
Du haut de ſon orgueil deſcend à la priere,

Aprés tant de mespris s'abaisse plainement
Et de vostre triomphe acheue l'ornement.
Voyés ce qu'aucun Dieu n'eust osé vous promettre,
Ce que iamais mon cœur n'auroit creu se permettre;
Placide suppliant, Placide à vos genoux,
Vous doit estre, Madame, vn spectacle assez doux;
Et c'est par la douceur de ce mesme spectacle
Que mon cœur vous demãde vn aussi grand miracle
Arrachez, Theodore, aux hontes d'vn Arrest
Qui mesle auec le sien mon plus cher interest,
Toute ingrate, inhumaine, inflexible, Chrestienne;
Madame, elle est mon choix, & sa gloire est la miẽne,
S'il faut qu'elle subisse vne si dure loy
Toute l'ignominie en rejaillit sur moy.
Et ie n'ay pas moins qu'elle à rougir d'vn supplice
Qui profane l'Autel où i'ay fait sacrifice,
Et de l'illustre obiet de mes plus saints desirs
Fait l'infame rebut des plus sales plaisirs.
S'il vous demeure encor quelque espoir pour Flauie,
Conseruez-moy l'honneur pour conseruer ma vie,
Et songez que l'affront où vous m'abandonnez
Deshonore l'espoux que vous luy destinez:
Ie vous le dis encor, sauuez-moy cette honte,
Ne desesperez pas vne ame qui se dompte,
Et par le noble effort d'vn genereux employ
Triomphez de vous-mesme aussi bien que de moy,
Theodore est pour vous vne vtile ennemie,
Et si, proche qu'elle est de choir dans l'infamie,

Ma plus sincere ardeur n'en peut rien obtenir.
Vous n'auez pas beaucoup à craindre l'aduenir,
Le temps ne la rendra que plus inexorable,
Le temps destrompera peut-estre vn miserable,
Daignez luy donner lieu de me pouuoir guerir
Et ne me perdez pas en voulant m'acquerir.

MARCELLE.

Quoy, vous voulez enfin me deuoir vostre gloire?
Certes vn tel miracle est difficile à croire,
Que vous qui n'aspiriez qu'à ne me deuoir rien
Vous vouliez me deuoir vn si precieux bien.
Mais comme en ses desirs aisément on se flatte,
Deussay-je contre moy seruir vne ame ingrate,
Perdre encor mes faueurs, & m'en voir abuser,
Ie vous aime encor trop pour vous rien refuser.
Oüy, puisque Theodore enfin me rend capable
De vous rendre vne fois vn seruice agreable,
Puisque son inthereſt vous force à me traiter
Mieux que to⁹ mes bien-faits n'auoient sçeu meriter
Et par soin de vous plaire, & par recognoissance
Ie vay pour l'vn & l'autre employer ma puissance,
Et pour vn peu d'espoir qui m'est en vain rendu
Rendre à mes ennemis l'honneur presque perdu.
Ie vay d'vn iuste Iuge adoucir la colere,
Rompre le triste effet d'vn Arrest trop seuere,
Respondre à vostre attente, & vous faire esprouuer
Cette bonté qu'en moy vous esperez trouuer.
Iugez par cette espreuue à mes vœux si cruelle,

Quel pouuoir vous auez sur l'esprit de Marcelle,
Et ce que vous pourriez vn peu plus complaisant
Quand vous y pouuez tout mesme en le mesprisant.
Mais pourray-je à mon tour vous faire vne priere?

PLACIDE.

Madame, au nom des Dieux, faites moy grace entiere
En l'estat ou ie suis quoy qu'il puisse aduenir
Ie vous dois tout promettre & ne puis rien tenir,
Ie ne vous puis donner qu'vne attente friuole,
Ne me reduisez point à manquer de parole,
Ie crains, mais i'aime encor, & mō cœur amoureux.

MARCELLE.

Le mien est raisonnable autant que genereux,
Ie ne demande pas que vous cessiez encore
Ou de hayr Flauie, ou d'aimer Théodore,
Ce grand coup doit tomber plus insensiblement,
Et ie me deffierois d'vn si prompt changement.
Il faut languir encor dedans l'incertitude,
Laisser faire le temps & son ingratitude,
Ie ne veux à present qu'vne fausse pitié,
Vne feinte douceur, vne ombre d'amitié:
Vn moment de visite à la pauure Flauie
Des portes du trespas rappelleroit sa vie,
Cependant que pour vous ie vay tout obtenir,
Pour soulager ses maux allez l'entretenir,
Ne luy promettez rien, mais souffrez qu'elle espere,
Et trompez-la du moins pour la rendre à sa mere.
Vn coup d'œil y suffit, vn mot ou deux plus doux,

Faites vn peu pour moy quand ie fais tout pour vous
Daignez pour Theodore vn moment vous cõtraindre.

PLACIDE.

Vn moment est bien long à qui ne sçait pas feindre,
Mais vous m'en coniurez par vn nom trop puissant,
Pour ne rencontrer pas vn cœur obeyssant,
I'y vay, mais par pitié souuenez-vous vous mesme
Des troubles d'vn amant qui craint pour ce qu'il ai-
Et qui n'a pas pour feindre assez de liberté (me
Tant que pour son obiet il est inquieté.

MARCELLE.

Allez sans plus rien craindre ayãt pour vous Ma (cell
r

SCENE VI.

STEPHANIE, MARCELLE.

STEPHANIE.

ENfin vous triomphez de cét esprit rebelle.

MARCELLE.

Quel triomphe !

STEPHANIE.

Est-ce peu que de voir à vos pieds
Sa haine & son orgueil enfin humiliez?

MARCELLE.

Quel triomphe, te dis-ie? & qu'il a d'amertumes!
Et que nous sommes loin de ce que tu présumes!
Tu le vois à mes pieds pleurer, gemir, prier,

Mais ne croy pas pourtant le voir s'humilier,
Ne croy pas qu'il se rende aux bontez qu'il implore,
Mais voy de quelle ardeur il aime Theodore,
Et iuge quel pouuoir cét amour a sur luy,
Puisqu'il peut le reduire à chercher mon appuy.
Que n'oseront ses feux entreprendre pour elle,
S'ils ont pû l'abaisser iusqu'aux pieds de Marcelle,
Et que dois-ie esperer d'vn cœur si fort espris,
Qui mesme en m'adorant me fait voir ses mespris?
Dans ces submissions voy ce qui l'y conuie,
Mesure à son amour sa haine pour Flauie,
Et voyant l'vn & l'autre en son abaissement,
Iuge de mon triomphe vn peu plus sainement.
Voy dans son triste effet sa ridicule pompe,
I'ay peine en triõphant d'obtenir qu'il me trompe,
Qu'il feigne par pitié, qu'il donne vn faux espoir.

STEPHANIE.

Et vous l'allez seruir de tout vostre pouuoir?

MARCELLE.

Oüy, ie le vay seruir, mais comme il le merite,
Toy, va me l'amuser dedans cette visite,
Et de tout mon pouuoir donne loisir au mien.

STEPHANIE.

Donc...

MARCELLE.

Le temps presse, va, sans t'informer de rien.

ACTE IV.

SCENE PREMIERE.

STEPHANIE, PLACIDE, sortants de chez Marcelle.

STEPHANIE rappelant Placide.

Seigneur...

PLACIDE.

Va, Stephanie, en vain tu me rappelles,
Ces feintes ont pour moy des gesnes trop cruelles,
Marcelle en ma faueur agit trop lentement,
Et laisse trop durer cét ennuyeux moment,
Pour souffrir plus long-temps vn supplice si rude
I'ay trop d'impatience & trop d'inquietude,
Il faut voir Theodore, il faut sçauoir mon sort,
Il faut...

STEPHANIE.

Ah, faites-vous, Seigneur, vn peu d'effort;
Marcelle qui vous sert de toute sa puissance
Merite bien du moins cette recognoissance,
Attendez-en l'effet dedans cét entretien,
Puisqu'elle agit pour vous, deuez-vous craindre rien,

PLACIDE.

L'effet tarde beaucoup, pour n'auoir rien à craindre,

Elle feignoit peut-estre en me priuant de feindre,
On retire souuent le bras pour mieux fraper,
Qui veut que ie la trompe, a droit de me tromper.

STEPHANIE

Considerez l'humeur implacable d'vn pere,
Qu'elle est pour les Chrestiens sa haine & sa colere,
Combien il faut de temps afin de l'émouuoir.

PLACIDE.

Helas : il n'en faut guere à trahir mon espoir.
Peut-estre en ce moment qu'icy tu me cajolles,
Que tu remplis mon cœur d'esperances friuoles,
Ce rare & cher obiet qui fait seul mon destin
Du soldat insolent est l'indigne butin.
Va flatter si tu veux la douleur de Flauie,
Et me laisse esclaircir de l'estat de ma vie,
C'est trop l'abandonner à l'iniuste pouuoir.
Ouurez, Paulin, ouurez, & me la faites voir.
On ne me respond point, & la porte est ouuerte ;
Paulin, Madame.

STEPHANIE.

O Dieux ! la fourbe est descouuerte.
Où fuiray-je ?

PLACIDE.

Demeure, infame, & ne crains rien,
Ie ne veux pas d'vn sang abiet comme le tien,
Il faut à mon courroux de plus nobles victimes,
Instruy moy seulement de l'ordre de tes crimes :
Qu'à ton fait de mon ame ? où la dois-je chercher ?

STEPHANIE.

Vous n'auez pas suiet encor de vous fascher.
Elle est . . . . PLACIDE.
Dépesche, dy ce qu'en a fait Marcelle.

STEPHANIE.

Tout ce que vostre amour pouuoit attendre d'elle.
Peut-on croire autre chose auec quelque raison
Quand vous voyez desia qu'elle est hors de prison?

PLACIDE.

Ah, i'en aurois desia receu les asseurances,
Et tu veux m'amuser de vaines apparences,
Cependant que Marcelle agit comme il luy plaist,
Et fait sans resistance executer l'Arrest.
De ma credulité Theodore est punie,
Elle est hors de prison, mais dans l'ignominie,
Et ie deuois iuger dans mon sort rigoureux
Que l'enemy qui flatte est le plus dangereux.
Mais souuent on s'aueugle, & dãs des maux extres(mes
Les hommes genereux iugent tout par eux-mesmes,
Et de leurs ennemis . . .

SCENE II.

LYCANTE, PLACIDE, STEPHANIE.

LYCANTE.

NE craignez plus, Seigneur,
Marcelle vous renuoye, & la ioye & l'honneur,

Elle a de l'infamie arraché Theodore.

PLACIDE.

Elle a fait ce miracle !
LYCANTE.
Elle a plus fait encore.

PLACIDE.

Ne me fay plus languir, dy promptement.

LYCANTE.
D'abord
Valens changeoit l'Arrest en vn Arrest de mort...

PLACIDE.

Ah, si de cét Arrest, iusqu'à l'effet on passe...

LYCANTE.

Marcelle a refusé cette sanglante grace,
Elle la veut entiere, & tasche à l'obtenir,
Mais Valens irrité s'obstine à la bannir,
Et voulant que cét ordre à l'instant s'execute,
Quoy qu'en vostre faueur Marcelle luy dispute,
Il mande Theodore, & la veut promptement
Faire conduire aux lieux de son bannissement.

STEPHANIE.

Et vous vous alarmiez de voir sa prison vuide ?

PLACIDE.

Tout fait peur à l'amour, c'est vn enfant timide,
Et si tu le cognois tu me dois pardonner.

LYCANTE.

Elle fait ses efforts pour vous la ramener.
Et vous coniure encore vn moment de l'attendre.

PLACIDE.

Qu'elles graces, bõs Dieux, ne luy dois-ie point rẽdre

Va, dy luy que i'attens icy ce grand succez
Ou sa bonté paroist auecque trop d'excez.

Lycante rentre.

STEPHANIE.

Et moy ie vay pour vous consoler sa Flauie.

PLACIDE.

Fay luy donc quelque excuse au gré de son enuie,
Et dy luy de ma part tout ce que tu voudras.
Mon ame n'eut iamais les sentiments ingrats,
Et i'ay honte en secret d'estre dans l'impuissance
De monstrer plus d'effets de ma recognoissance.

Stephanie rentre.

Certes vne ennemie à qui ie dois l'honneur
Meritoit dans son choix vn peu plus de bon-heur,
Deuoit trouuer vne ame vn peu moins deffenduë,
Et i'ay pitié de voir tant de bonté perduë.
Mais le cœur d'vn amant ne peut se partager,
Elle a beau se contraindre, elle a beau m'obliger,
Ie n'ay qu'auersion pour ce qui la regarde.

SCENE III.

PLACIDE, PAVLIN.

PLACIDE.

VOus ne me direz pl⁹ qu'ō vous l'a mise en garde
Paulin.

PAVLIN.

Elle n'est plus, Seigneur, en mon pouuoir.

PLACIDE.

Quoy, vous en soûpirez ?

PAVLIN. *Ie pense le deuoir.*

PLACIDE.

Soûpirer du bon-heur que le Ciel me renuoye !

PAVLIN.

Ie ne voy pas pour vous de grands suiets de ioye.

PLACIDE.

Qu'on la bannisse, ou non, ie la verray tousiours.

PAVLIN.

Quel fruit de cette veuë esperent vos amours ?

PLACIDE.

Le temps adoucira cette ame rigoureuse.

PAVLIN.

Le temps ne rendra pas la vostre plus heureuse.

PLACIDE.

Sans doute elle aura peine à me laisser perir.

PAVLIN.

Qui la peut esperer deuoit la secourir.

PLACIDE.

Marcelle a fait pour moy tout ce que i'ay peu faire.

PAVLIN.

Ie n'ay donc rien à dire, & dois icy me taire.

PLACIDE.

Non, non, il faut parler auec sincerité,
Et loüer hautement sa generosité.

PAVLIN.

Si vous me l'ordonnez ie loüeray donc sa rage.

Mais depuis quād, Seigneur, chāgez vous de courage
Depuis quand pour vertu prenez-vous la fureur ?
Depuis quand loüez-vous ce qui doit faire horreur ?

PLACIDE.

Ah, ie tremble à ces mots que i'ay peine à cōprēdre !

PAVLIN.

Ie ne ſçay pas, Seigneur, ce qu'on vous fait entēdre
Ou quel puiſſant motif retient voſtre courroux,
Mais Theodore enfin n'eſt plus digne de vous.

PLACIDE.

Quoy, Marcelle en effet ne l'a pas guarantie ?

PAVLIN.

A peine d'auec vous, Seigneur, elle eſt ſortie,
Que l'ame toute en feu, les yeux eſtincelants,
Rapportant elle meſme vn ordre de Valens.
Auec trente ſoldats elle a ſaiſi la porte,
Et tirant de ce lieu Theodore à main forte....

PLACIDE.

O Dieux ! iuſqu'à ſes pieds i'ay pû donc m'abaiſſer
Pour voir trahir des vœux qu'elle a feint d'exaucer
Et pour en receuoir auec tant d'inſolence
De tant de laſcheté la digne reſcompenſe !
Mon cœur auoit deſia preſſenty ce malheur.
Mais acheue, Paulin, d'irriter ma douleur,
Et ſans m'entretenir des crimes de Marcelle,
Dy moy qui ie me dois immoler aprés elle,
Et ſur quels inſolents aprés ſon chaſtiment
Doit choir le reſte affreux de mon reſſentiment.

PAVLIN.

Armez vous donc, Seigneur, d'vn peu de patience,
Et forcez vos transports à me prester silence,
Tandis que le recit d'vne iniuste rigueur
Peut-estre à chaque mot vous percera le cœur.
Ie ne vous diray point auec quelle tristesse
A ce honteux supplice à marché la Princesse,
Forcé de la conduire en ces infames lieux
De honte & de despit i'en destournois les yeux,
Et pour la consoler ne sçachant que luy dire,
Ie maudissois tout bas les loix de nostre Empire.
Et vous estiez le Dieu dedans mes déplaisirs,
Qu'en secret pour les rompre innoquoiët mes soûpirs

PLACIDE.

Ah, pour gaigner ce tẽps on charmoit mon courage,
D'vne fausse promesse, & puis d'vn faux message.
Et i'ay creu dans ces cœurs de la sincerité ?
Ne fay plus de reproche à ma credulité,
Et poursuy. PAVLIN.
Dans ces lieux à peine on l'a traisnée,
Que ie voy des soldats la troupe mutinée,
Tous courent à la proye auec auidité,
Tous montrent à l'enuy mesme brutalité.
Ie croyois desia voir de cette ardeur esgale
Naistre quelque discorde à ces Tigres fatale,
Quand Dydime... PLACIDE.
Ah ! le lasche, ah, le traistre !
PAVLIN. *Escoutez,*

Ce traistre a reüny toutes leurs volontez:
Le front plain d'imprudēce, & l'œil armé d'audace
Compagnons, *a t'il dit*, on me doit vne grace,
Depuis plus de dix ans ie souffre les mépris
Du plus ingrat obiet dont on puisse estre épris,
Ce n est pas de mes feux que ie veux rēcōpense,
Mais de taut de rigueurs la premiere vāgeance,
Aprés vous punirez à loisir ses dedains.
Il leur iette de l'or en suite à pleines mains,
Et lors, soit par respect qu'on eust pour sa naissance,
Soit qu'ils eussent marché sous son obeyssance,
Soit que son or pour luy fist vn si prompt effort,
Ces cœurs en sa faueur tombent soudain d'accord,
Il entre sans obstacle. **PLACIDE.**
Il y mourra, l'infame,
Vien me voir dans ses bras luy faire vomir l'ame,
Vien voir de ma colere vn iuste & prompt effet
Ioindre en ces mesmes lieux sa peine à son forfait,
Confondre son triomphe auecque son supplice.

PAVLIN.

Ce n'est pas en ces lieux qu'il vous fera iustic-
Dydime en est sorty. **PLACIDE.**
Quoy, Paulin, ce vol
A desia par sa fuite esuité ma douleur!

PAVLIN.

Ouy, mais il n'estoit plus en sortant ce Dyd
Dont l'orgueil insolent demandoit sa victim
Ses cheueux sur son front s'efforçoient de cac

La rougeur que son crime y sembloit attacher,
Et le remords de sorte abatoit son courage
Que mesme il n'osoit plus nous montrer son visage,
L'œil bas, le pied timide, & le corps chancelant,
Tel qu'vn coupable enfin qui s'échape en tremblant.
A peine est-il sorty qu'auecque violence
Ie voy de ces mutins renaistre l'insolence,
Chacun en sa valeur mettant tout son appuy
S'efforce de montrer qu'il n'a cedé qu'à luy.
On se pousse, on se presse, on se bat, on se tuë,
I'en vois vne partie à mes pieds abatuë ;
Au spectacle sanglant que ie m'estois promis
Cleobule suruient auec quelques amis,
Met l'espée à la main, tourne en fuite le reste,
Entre

PLACIDE.

Luy seul ?

PAVLIN.

Luy seul.

PLACIDE.

Ah Dieux, quel coup funeste !

PAVLIN.

Sans doute il n'est entré qu'afin de l'en tirer.

PLACIDE.

Dy, dy qu'il est entré pour la deshonorer,
Et que le sort cruel pour haster ma ruine
Veut qu'aprés vn riual vn amy m'assaßine.
Le traistre ! mais dy-moy, l'en as-tu veu sortir ?
Montroit-il de l'audace, ou bien du repentir ?
Qui des siens l'a suiuy ?

PAVLIN. Cette troupe fidelle
M'a chassé comme chef des soldats de Marcelle,
Ie n'ay rien veu de plus, mais loin de le blasmer,
Ie presume... PLACIDE.
Ah, ie sçay ce qu'il faut presumer,
Il est entré luy seul, PAVLIN.
Ayant si peu d'escorte
C'est ainsi qu'il a deu s'asseurer de la porte,
Et si là tous ensemble il ne les eust laissez,
Assez facilement on les auroit forcez.
Mais le voicy qui vient pour vous en rendre conte,
A son zele de grace espargnez cette honte.

SCENE IV.

PLACIDE, PAVLIN, CLEOBVLE.

PLACIDE.

Et bien, vostre parête ? elle est hors de ses lieux,
Où l'on sacrifioit sa pudeur à nos Dieux ?
CLEOBVLE.
Oüy, Seigneur. PLACIDE.
I'ay regret qu'vn cœur si magnanime
Se soit ainsi laissé préuenir par Dydime.
CLEOBVLE.
I'en dois estre honteux, mais ie m'estonne fort
Qui vous a pû si-tost en faire le rapport,
I'en croyois apporter les premieres nouuelles.

PLACIDE.

I'ay ſans vous, graces aux Dieux, aſſez d'amis fidel-
Mais ne differes plus à me la faire voir. (les,

CLEOBVLE.

Qui, Seigneur ?

PLACIDE.

Theodore.

CLEOBVLE.

Eſt-elle en mon pouuoir ?

PLACIDE.

Ne me dites vous pas que vous l'auez ſauuée ?

CLEOBVLE.

Ie vous le dirois, moy ! qui ne l'ay plus trouuée.

PLACIDE.

Quoy, ſoudain par vn charme elle auoit diſparu ?

CLEOBVLE.

Puiſque deſia ce bruit iuſqu'à vous a couru,
Vous ſçauez que ſans charme elle a fuy ſa diſgrace,
Que ie n'ay plus trouué que Dydime en ſa place,
Quel plaiſir prenez vous à me le déguiſer ?

PLACIDE.

Quel plaiſir prenez-vous vous meſme à m'abuſer,
Quand Paulin de ſes yeux a veu ſortir Dydime ?

CLEOBVLE.

Si ſes yeux l'ont trompé, l'erreur eſt legitime,
Et ſi vous n'en ſçauez que ce qu'il vous a dit,
Eſcoutez-en, Seigneur, vn fidelle recit.
Vous ignorez encor la meilleure partie,
Sous l'habit de Dydime elle-meſme eſt ſortie.

PLA-

PLACIDE.

Qui?

CLEOBVLE.

Vostre Theodore, & cét audacieux
Sous le sien au lieu d'elle est resté dans ces lieux.

PLACIDE.

Que dis-tu, Cleobule, ils ont fait cét eschange?

CLEOBVLE.

C'est vne nouueauté qui semble assez estrange.

PLACIDE.

Et qui me porte encor de plus estranges coups.
Voy si c'est sans raison que i'en estois ialoux,
Et malgré les aduis de ta fausse prudence
Iuge de leur amour par leur intelligence.

CLEOBVLE.

I'ose en douter encore, & ie ne voy pas bien
Si c'est zele d'amant, ou fureur de Chrestien.

PLACIDE.

Non, non, le temeraire au hazard de sa vie
A mis en seureté la fleur qu'il a cueillie,
Par tant de feints mespris elle qui t'abusoit,
Luy conseruoit ce cœur qu'elle me refusoit,
Et ses dédains cachoient vne faueur secrette,
Dont tu n'estois pour moy qu'vn aueugle interprette
L'œil d'vn amant ialoux a bien d'autres clartez,
Les cœurs pour ses soupçons n'ont point d'obscuritez
Son malheur luy fait iour iusques au fõd d'vne ame
Pour y lire sa perte escrite en traits de flãme.
Elle me disoit bien, l'ingrate, que son Dieu

Sçauroit bien sans mon bras la tirer de ce lieu;
Et seure qu'elle estoit du secours de Dydime
A se seruir du mien elle eust creu faire vn crime.
Mais auroit-on bien pris pour generosité
L'impetueuse ardeur de sa temerité ?
Aprés vn tel affront & de telles offences
M'auroit-on enuié la douceur des vangeances ?

CLEOBVLE.

Vous le verriez desia si i'auois pû souffrir
Qu'en cét habit de fille on vous le vinst offrir,
I'ay creu que sa valeur & l'esclat de sa race
Pouuoient bien meriter cette petite grace,
Et vous pardonnerez à ma vieille amitié
Si iusques là, Seigneur, elle estend sa pitié.
Le voicy qu'Amintas vous améne à main forte.

PLACIDE.

Pourray-je retenir la fureur qui m'emporte ?

CLEOBVLE.

Seigneur, reglez si bien ce violent couroux
Qu'il n'en eschappe rien trop indigne de vous.

SCENE V.

PLACIDE, DYDIME CLEOBVLE, PAVLIN, AMYNTAS, Troupe.

PLACIDE.

Approche, heureux riual, heureux choix d'vne ingrate,

Dont ie voy qu'à ma honte enfin l'amour éclate.
C'est donc pour t'enrichir d'vn si noble butin
Qu'elle s'est obstinée à suiure son destin,
Et pour mettre ton ame au comble de sa ioye
Cét esprit desguisé n'a point eu d'autre voye ?
Dans ces lieux dignes d'elle elle a receu ta foy,
Et pris l'occasion de se donner à toy ?

DYDIME.

Ah, Seigneur, traitez mieux vne vertu parfaite.

PLACIDE.

Ah, ie sçay mieux que toy comme il faut qu'on la
I'en cognoy l'artifice & de tous ses mespris. (traite
Sur quelle confiance as-tu tant entrepris ?
Ma perfide marastre & mon tyran de pere
Auroient-ils contre moy choisi ton ministere,
Et pour mieux t'enhardir à me voler mon bien
T'auroient-ils promis grace, appuy, faueur, soûtien ?
Aurois-tu bien vny leurs fureurs à ton zele,
Son amant tout ensemble & l'agent de Marcelle !
Qu'en as-tu fait enfin ? où me la caches-tu ?

DYDIME.

Derechef iugez mieux de la mesme vertu,
Ie n'ay rien entrepris, ny comme amant fidelle,
Ny comme impie agent des fureurs de Marcelle,
Ny sous l'espoir flateur de quelque impunité,
Mais par vn pur effet de generosité :
Ie le nommerois mieux, si vous pouuiez comprendre
Par quel zele vn Chrestien ose tout entreprendre.

La mort que comme tel ie ne puis esuiter
Ne vous laisse aucun lieu de vous inquieter.
Qui s'apreste à mourir, qui court à ses supplices,
N'abaisse pas son ame à ces molles delices,
Et prest de rendre conte à son Iuge Eternel
Il craint d'y porter mesme vn desir criminel.
I'ay sauué son honneur d'vne rage insensée,
Mais sans l'auoir souillé de la moindre pensée,
Elle fuit, & sans tache où l'inspire son Dieu;
Ne m'en demandez point, ny l'ordre, ny le lieu,
Comme ie n'en pretens ny faueur ny salaire,
I'ay voulu l'ignorer afin de le mieux taire.

PLACIDE.

Ah, tu me fais icy des contes superflus,
I'ay trop esté credule & ie ne le suis plus.
Quoy sans en rien tirer quoy sans en rien pretendre,
Vn zele de Chrestien t'a fait tout entreprendre,
Quel prodige pareil s'est iamais rencontré?

DYDIME.

Paulin vous aura dit comme ie suis entré.
Prestez l'oreille au reste, & punissez en suite
Tout ce que vous croirez de coupable en sa fuite?

PLACIDE.

Dy, mais en peu de mots, & seur que les tourments
M'auront bien-tost vangé de tes déguisements.

DYDIME.

La Princesse à ma veuë esgalement atteinte
D'estonnement, d'horreur, de colere, & de crainte,

A tant de paßions exposée à la fois
A perdu quelque temps l'vsage de la voix:
Außi i'auois l'audace encor sur le visage
Qui parmy ces mutins m'auoit donné passage,
Et ie portois encor sur le front imprimé
Cét insolent orgueil dont ie l'auois armé.
Enfin reprenant cœur, Arreste, *me dit-elle,*
Arreste, *& m'alloit faire vne longue querelle,*
Mais pour laisser agir l'erreur qui la surprend
Le temps estoit trop cher & le peril trop grand,
Donc pour la détrōper, Non, *luy dis-je,* Madame,
Quelque outrageux mespris dont vous traitiez ma flâme,
Ie ne viens point icy comme amant indigné
Me vanger de l'obiet dont ie fus dédaigné,
Vne plus sainte ardeur regne au cœur de Dydime
Il viẽt de vostre hõneur se faire la victime,
Le payer de son sang, & s'exposer pour vous
A tout ce qu'oseroit sa haine & le couroux.
Fuyez sous mon habit, & me laissez, de grace,
Sous le vostre en ces lieux occuper vostre place,
C'est par ce moyen seul qu'on vous peut guarantir
Cõseruez vne Vierge en faisãt vn Martir.
Elle à cette priere encor demy tremblante,
Et meslant à sa ioye vn reste d'espouuente,
Me demande pardon d'vn visage estonné
De tout ce que son ame a craint, ou soupçonné.
Ie m'apreste à l'eschange, elle à la mort s'apreste,

Ie luy tends mes habits, elle m'offre sa teste,
Et demande à sauuer vn si precieux bien,
Aux despens de son sang plûtost qu'au prix du mien
Mais Dieu la persuade & nostre combat cesse,
Ie voy suiuant mes vœux eschaper la Princesse.....

PAVLIN.

C'estoit donc à dessein qu'elle cachoit ses yeux
Comme rouges de honte en sortant de ces lieux?

DYDIME.

En luy desant Adieu ie l'en auois instruite,
Et le Ciel a daigné fauoriser sa fuite.
Seigneur, ce peu de mots suffit pour vous guerir,
Viuez sans ialousie & m'enuoyez mourir.

PLACIDE.

Helas! & le moyen d'estre sans ialousie
Lors que ce cher obiet te doit plus que la vie?
Ta courageuse adresse à ses diuins apas
Vient de rendre vn secours que leur deuoit mon bras,
Et lors que ie me laisse amuser de paroles
Tu t'exposes pour elle, ou plûtost tu t'immoles,
Tu donnes tout ton sang pour luy sauuer l'honneur,
Et ie ne serois pas ialoux de ton bon-heur?
Mais serois-ie perir celuy qui l'a sauuée?
Celuy par qui Marcelle est plainement brauée,
Qui ma rendu ma gloire, & preserué mon front
Des infames couleurs d'vn si mortel affront?
Tu viuras. Mais ô Dieux! deffendray-ie ta teste
Alors que Theodore est ta iuste conqueste,

Et que cette beauté qui me tient ſous la loy
Ne ſçauroit plus ſans crime eſtre à d'autre qu'à toy
N'importe, ſi ta flâme en eſt mieux eſcoutée,
Ie diray ſeulement que tu l'as meritée,
Et ſans plus regarder ce que i'auray perdu,
I'auray deuant les yeux ce que tu m'as rendu.
De mille déplaiſirs qui m'arrachoient la vie
Ie n'ay plus que celuy de te porter enuie,
Ie ſçauray bien le vaincre, & garder pour tes feux
Dans vne ame ialouſe vn eſprit genereux.
Va donc, heureux riual, reioindre ta Princeſſe,
Deſrobe toy comme elle aux yeux d'vne Tygreſſe,
Tu m'as ſauué l'honneur, i'aſſeureray tes iours,
Et mourray, s'il le faut, moy-meſme à ton ſecours.

DYDIME.

Seigneur....

PLACIDE.

Ne me dy rien. Aprés de tels ſeruices
Ie n'ay rien à pretendre à moins que tu periſſes,
Ie le ſçay, ie l'ay dit, mais dans ce triſte eſtat
Ie te ſuis redeuable & ne puis eſtre ingrat,

ACTE V.

SCENE PREMIERE.

PAVLIN, CLEOBVLE.

PAVLIN,

OVy, Valens pour Placide a beaucoup d'indulgence,
Il est mesme en secret de son intelligence,
C'estoit par cét Arrest luy qu'il consideroit,
Et ie vous ay conté ce qu'il en esperoit;
Mais il hait des Chrestiens l'opiniastre zele,
Et s'il aime Placide, il redoute Marcelle,
Il en sçait le pouuoir, il en voit la fureur,
Et ne veut pas se perdre auprés de l'Empereur;
Il ne veut pas perir pour conseruer Dydime,
Puis qu'il s'est laissé prendre il payera pour son crime,
Et Valens punira son illustre attentat
Par inclination & par raison d'Estat,
Et si quelque malheur nous rendoit Theodore,
A moins que renoncer à ce Dieu qu'elle adore,
Deust Placide luy-mesme aprés elle en mourir,
Par les mesmes motifs il la feroit perir.
Dans l'ame il est rauy d'ignorer sa retraite,
Il fait des vœux au Ciel pour la tenir secrette,
Il craint qu'vn indiscret la vienne reueler,
Et n'osera rien plus que de dissimuler,

CLEO-

CLEOBVLE.

Cependant vous sçauez ce qu'à iuré Placide,
C'est vn courage fier & que rien n'intimide,
Picqué contre Marcelle il cherche à la brauer,
Et hazardera tout afin de la sauuer.
Il a des amis prests, il en assemble encore,
Et si quelque malheur vous rendoit Theodore,
Ie preuoy des transports en luy si violents
Que ie crains pour Marcelle & mesme pour Valens.
Mais a t'il condamné ce genereux coupable?

PAVLIN.

Il l'examine encor, mais en iuge implacable.

CLEOBVLE.

Il m'a permis pourtant de l'attendre en ce lieu
Pour tascher à le vaincre, ou pour luy dire Adieu.
Ah, qu'il dissiperoit vn dangereux orage
S'il vouloit à nos Dieux rendre le moindre hõmage!

PAVLIN.

Quand de sa folle erreur vous l'auriez diuerty
En vain de ce peril vous le croiriez sorty.
Flauie est aux abois, Theodore eschappée
D'vn mortel desespoir iusqu'au cœur l'a frappée,
Marcelle n'attend plus que son dernier soûpir,
Iugez à quelle rage ira son déplaisir,
Et si, comme on ne peut s'en prendre qu'à Dydime,
Son espoux luy voudra refuser sa victime.

CLEOBVLE.

Ah! Paulin, vn Chrestien à nos Autels reduit,

Fait auprés des Cesars vn trop precieux bruit,
Il leur deuient trop cher pour souffrir qu'il perisse.
Mais ie le voy desia qu'on l'améne au supplice.

SCENE II.

CLEOBVLE, PAVLIN, LYCANTE, DYDIME.

CLEOBVLE.

LYcante, souffre icy l'Adieu de deux amis,
Et me donne vn momẽt que Valens m'a promis.

LYCANTE.

I'en ay l'ordre, & ie vay disposer ma cohorte
A garder cependant les dehors de la porte,
Ie ne mets point d'obstacle à vos derniers secrets,
Mais tranchez promptement d'inutiles regrets.

SCENE III.

CLEOBVLE, DYDIME, PAVLIN.

CLEOBVLE.

CE n'est pas, cher amy, le cœur troublé d'alarmes,
Que ie t'attends icy pour te donner des larmes,
Vn Astre plus benin vient d'esclairer tes iours,
Il faut viure, Dydime, il faut viure,

DYDIME. *Et i'y cour*

Pour la cause de Dieu s'offrir en sacrifice,
C'est courir à la vie, & non pas au supplice.

CLEOBVLE.

Peut-estre dans ta secte est-ce vne vision,
Mais l'heur que ie t'apporte est sans illusion,
Theodore est à toy, ce dernier témoignage
Et de ta paßion, & de ton grand courage,
A si bien en amour changé tous ses mespris,
Qu'elle t'attend chez moy pour t'en donner le prix.

DYDIME.

Que me sert son amour & sa recognoissance
Alors que leur effet n'est plus en sa puissance?
Et qui t'améne icy par ce friuole attrait
Aux douceurs de ma mort mesler vn vain regret,
Empescher que ma ioye à mon heur ne responde,
Et m'arracher encor vn regard vers le monde?
Ainsi donc Theodore est cruelle à mon sort
Iusqu'à persecuter & ma vie & ma mort,
Dans sa haine & sa flâme égalément à craindre,
Et moy dans l'vne & l'autre également à plaindre?

CLEOBVLE.

Ne te figure point d'impoßibilité
Où tu faits, si tu veux, trop de facilité,
Ou tu n'as qu'à te faire vn moment de contrainte,
Dõne à ton Dieu ton cœur, aux nostres quelque fein-
Vn peu d'encens offert au pied de leurs Autels (te
Peut esgaler ton sort au sort des Immortels.

DYDIME.

Et pour cela vers moy Theodore t'enuoye?
Son esprit adoucy me veut par cette voye?

CLEOBVLE.

Non, elle ignore encor que tu sois arresté,
Mais ose en sa faueur te mettre en liberté,
Ose te desrober aux fureurs de Marcelle,
Et Placide t'enleue en Egipte auec elle,
Ou son cœur genereux te laisse entre ses bras
Estre auec seureté tout ce que tu voudras.

DYDIME.

Va, dangereux amy, que l'Enfer me suscite,
Ton damnable artifice en vain me sollicite,
Ce cœur inébranlable aux plus cruels tourments
A presque esté surpris de tes chatoüillements:
Leur mollesse a plus fait que le fer, ny la flâme,
Elle a frapé mes sens, elle a broüillé mon ame,
Ma raison s'est troublée, & mon foible a paru,
Mais i'ay despoüillé l'homme & Dieu m'a secouru.
Va reuoir ta parente, & dy luy qu'elle quitte
Ce soin de me payer par de-là mon merite,
Ie n'ay rien fait pour elle, elle ne me doit rien,
Ce qu'elle iuge amour n'est qu'ardeur de Chrestien,
C'est la cognoistre mal que de la recognoistre,
Ie n'en veux point de prix que du souuerain maistre
Et comme c'est luy seul que i'ay consideré
C'est luy seul dont i'attens ce qu'il m'a preparé.
Si pourtant elle croit me deuoir quelque chose,

Et peut à mon trespas souffrir que i'en dispose,
Qu'elle en paye Placide, & tasche à conseruer
Des iours que par les miens ie luy viens de sauuer,
Qu'elle fuye auec luy, c'est tout ce que veut d'elle
Le souuenir mourant d'vne flâme si belle.
Mais elle mesme vient, helas ! à quel dessein ?

SCENE IV.

DYDIME, THEODORE, CLEOBVLE, PAVLIN, LYCANTE.

DYDIME.

Lycante suit Theodore, & entre incontinent chez Marcelle sans rien dire.

PEnsez-vous m'arracher la palme de la main,
Madame, & mieux que luy m'expliquant vostre enuie,
Par vn charme plus fort m'attacher à la vie?

THEODORE.

Oüy, Dydime, il faut viure, & me laisser mourir,
C'est à moy qu'on en veut, c'est à moy de perir.

CLEOBVLE, à Theodore.

O Dieux ! quelle fureur aujourd'huy vous possede ?

à Paulin.

Mais preuenons le mal par le dernier remede,
Ie cours trouuer Placide, &, toy, tire en longueur
De Valens, si tu peux, la derniere rigueur.

SCENE V.

DYDIME, THEODORE, PAVLIN.

DYDIME.

QVoy ne craignez-vous point qu'vne rage ennemie
Vous fasse de nouueau traisner à l'infamie?

THEODORE.

Non, non, Flauie est morte, & Marcelle en fureur
Dédaigne vn châtiment qui m'a fait tant d'horreur,
Ie n'en ay rien à craindre, & Dieu me le reuele,
Ce n'est plus que du sang que veut cette cruelle,
Et quelque cruauté qu'elle vueille essayer
S'il ne faut que du sang i'ay trop dequoy payer.
Rends moy, rends moy ma place assez & trop gardée
Pour me sauuer l'honneur ie te l'auois cedée,
Iusques là seulement i'ay souffert ton secours,
Mais ie la viēs reprēdre alors qu'on veut mes iours.
Rends, Dydime, rends moy le seul bien ou i'aspire,
C'est le droit de mourir, c'est l'honneur du Martyre,
A quel tiltre peux-tu me retenir mon bien?

DYDIME.

A quel droit voulez-vous vous emparer du mien?
C'est à moy qu'appartiēt, quoy que vous puissiez dire
Et le droit de mourir, & l'honneur du Martyre,
De sort comme d'habits nous auons sçeu changer,
Et l'Arrest de Valens me le vient d'adiuger?

THEODORE.

Il ne t'a condamné qu'au lieu de Theodore,
Mais si l'Arrest t'en plaist, l'effet m'en deshonore,
Te voir au lieu du mien payer Dieu de ton sang,
C'est te laisser au Ciel aller prendre mon rang.
Ie ne souffriray point, quoy que Valens ordonne,
Qu'en me rendant ma gloire on m'oste ma couronne,
I'en appelle à Marcelle, & sans plus t'abuser
Voy cõme ce grand Dieu luy-mesme en vient d'vser,
De cette mesme honte il sauue Agnez dans Rome,
Il daigne s'y seruir d'vn Ange au lieu d'vn homme,
Mais si dans l'infamie il vient la secourir
Si tost qu'on veut son sang, il la laisse mourir.

DYDIME.

Sur cét exemple donc ne trouuez pas estrange
Puis qu'il se sert icy d'vn hõme au lieu d'vn Ange,
S'il daigne mettre au rang de ces esprits heureux
Celuy dont pour sa gloire il se sert au lieu d'eux,
Ie n'ay regardé qu'elle en conseruant la vostre,
Et ne luy donne pas mon sang au lieu d'vn autre
Quand ce qu'il m'a fait faire a pû m'en acquerir
Et l'honneur du Martyre, & le droit de mourir.

THEODORE.

Tu t'obstines en vain, la hayne de Marcelle...

SCENE VI.

MARCELLE, THEODORE, DYDIME, PAVLIN, LYCANTE, STEPHANIE.

MARCELLE, à Lycante.

Avec quelque douceur i'en reçoy la nouuelle,
Non que mes déplaisirs s'en puissent soulager,
Mais c'est tousiours beaucoup que se pouuoir vanger.

THEODORE.

Madame, ie vous viens rendre vostre victime,
Ne le retenez plus, ma fuite est tout son crime,
Ce n'est qu'au lieu de moy qu'on le méne à l'Autel,
Et puisque ie me monstre il n'est plus criminel,
C'est moy pour qui Placide a dedaigné Flauie,
C'est moy par consequent qui luy couste la vie,
Et c'est...

DYDIME.

Non, c'est moy seul & vous l'auez pû voir,
Qui sauuant sa riuale ay fait son desespoir,
C'est moy de qui l'audace a terminé sa vie,
C'est moy par consequent qui vous oste Flauie,
Et sur qui doit verser ce courage irrité
Tout ce que la vangeance a de seuerité.

MARCELLE.

O couple de ma perte egalement coupable,

Sacrilege.

Sacrileges Autheurs du malheur qui m'accable,
Qui dans ce vain debat vous vantez à l'enuy,
Lors que i'ay tout perdu, de me l'auoir rauy!
Donc iusques à ce point vous brauez ma colere,
Qu'en vous faisant perir ie ne vous puis déplaire,
Et que loin de trembler sous la punition
Vous y courez tous deux auec ambition?
Elle semble à tous deux porter vn Diadéme,
Vous en estes ialoux comme d'vn bien supresme,
L'vn & l'autre de moy s'efforce à l'obtenir,
Ie puis vous immoler & ne puis vous punir,
Et quelque sang qu'espande vne mere affligée
Ne vous punissant pas elle n'est pas vangée.
Toutefois Placide aime, & vostre chastiment
Portera sur son cœur ses coups plus puissamment,
Dans ce gouffre de maux c'est luy qui m'a plongée,
Et si ie l'en punis ie suis assez vangée.

THEODORE, à Dydime.

I'ay donc enfin gaigné, Dydime, & tu le vois,
L'Arrest est prononcé, c'est moy dont on fait choix,
C'est moy qu'aime Placide, & ma mort te deliure.

DYDIME, à Theodore.

Non, non, si vous mourez, Dydime vous doit suiure.

MARCELLE.

Tu la suiuras, Dydime, & ie suiuray tes vœux,
Vn desplaisir si grand n'a pas trop de tous deux.
Que ne puis-je aussi-bien immoler à Flauie
Tous les Chrestiens ensemble & toute la Syrie,

Ou que ne peut ma haine auec vn plain loisir
Animer les bourreaux qu'elle sçauroit choisir,
Repaistre mes douleurs d'vne mort dure & lente,
Vous la rendre à la fois & cruelle & traisnante,
Et parmy les tourments soustenir vostre sort
Pour vous faire sentir chaque iour vne mort?
Mais ie sçay le secours que Placide prepare,
Ie sçay l'effort pour vous que fera ce barbare,
Et ma triste vangeance a beau se consulter,
Il me faut, ou la perdre, ou la precipiter.
Hastons-la donc, Lycante, & courons-y sur l'heure,
La plus prompte des morts est icy la meilleure,
N'auoir pour y descendre à pousser qu'vn soûpir,
C'est mourir doucement, mais c'est enfin mourir,
Et lors qu'vn grand obstacle à nos fureurs s'oppose
Se vanger à demy c'est tousiours quelque chose.
Amenez-les tous deux.

PAVLIN.

Sans l'ordre de Valens?
Madame, escoutez moins des transports si boüillants,
Sur son authorité c'est beaucoup entreprendre.

MARCELLE.

S'il en demande conte, est-ce à vous de le rendre?
Paulin, portez ailleurs vos conseils indiscrets,
Et ne prenez soucy que de vos intherests.

THEODORE à Dydime.

Ainsi de ce combat que la vertu nous donne,
Nous sortirons tous deux auecque la couronne,

DYDIME.

Oüy, Madame, on exauce & vos vœux & les miens,
Dieu...

MARCELLE.

Vous suiurez ailleurs de si doux entretiens,
Amenez-les tous deux.

PAVLIN seul.

Quel orage s'apreste!
Que ie voy se former vne horrible tempeste!
Si Placide suruient, que de sang respandu,
Et qu'il en respandra s'il trouue tout perdu!
Allons chercher Valens, qu'à tant de violence
Il oppose, non plus vne molle prudence,
Mais vn courage masle & qui d'authorité
Sans rien craindre....

SCENE VII.

VALENS, PAVLIN.

VALENS.

AH Paulin! est-ce vne verité,
Est-ce vne illusion, est-ce vne resuerie;
Viens-je d'ouyr la voix de Marcelle en furie?
Ose t'elle traisner Theodore à la mort?

PAVLIN.

Oüy si Valens n'y fait vn genereux effort.

VALENS.

Quel effort genereux veux-tu que Valens fasse,

Lors que de tous costez il ne voit que disgrace ?

PAVLIN.

Faites voir qu'en ces lieux c'est vous qui gouuernez,
Qu'aucun n'y doit perir si vous ne l'ordonnez,
La Syrie à vos loix est-elle assujettie
Pour souffrir qu'vne femme y soit iuge & partie ;
Iugez de Theodore. VALENS.
Et qu'en puis-je ordonner
Qui dans mon triste sort ne serue à me gesner ?
Ne la condamner pas c'est me perdre auec elle,
C'est m'exposer en bute aux fureurs de Marcelle,
Au pouuoir de son frere, au couroux des Cesars,
Et pour vn vain effort courir mille hazards.
La condamner d'ailleurs c'est faire vn parricide,
C'est de ma propre main assaßiner Placide,
C'est luy porter au cœur d'inéuitables coups...

PAVLIN.

Placide donc, Seigneur, osera plus que vous,
Marcelle a fait armer Lycante & sa cohorte,
Mais sur elle & sur eux il va fondre à main forte,
Resolu de forcer pour cét obiet charmant
Iusqu'à vostre Palais, & vostre apartement.
Prenenez ce desordre, & iugez quel carnage
Produit le desespoir qui s'oppose à la rage,
Et combien de deux parts l'amour & la fureur,
Estaleront icy de spectacles d'horreur.

VALENS.

N'importe, laissons faire, & Marcelle, & Placide,

Que l'amour en furie, ou la haine en decide,
Et soit qu'elle perisse ou ne perisse pas,
I'auray lieu d'excuser sa vie, ou son trespas.
S'il la sauue, peut-estre on trouuera dans Rome
Plus de cœur que de crime à l'ardeur d'vn ieune (homme,
Ie l'en desauouëray, i'iray l'en accuser,
Les pousser par ma plainte à le fauoriser,
A plaindre son malheur en blâmant son audace,
Cesar mesme pour luy me demandera grace,
Et cette illusion de ma seuerité
Augmentera ma gloire & mon authorité.

PAVLIN.

Et s'il ne peut sauuer cét obiet qu'il adore?
Si Marcelle à ses yeux fait perir Theodore?

VALENS.

Marcelle aura sans moy commis cét attentat,
I'en sçauray prés de luy faire vn crime d'Estat,
A ses ressentiments esgaler ma colere,
Luy promettre vangeance, & trancher du seuere,
Et n'ayant point de part en cét éuenement
L'en consoler en pere vn peu plus aisément.
Mes soins auec le temps pourront tarir ses larmes.

PAVLIN.

Seigneur, d'vn mal si grand c'est prendre peu d'alar-(mes,
Placide est violent, & pour la secourir
Il perira luy-mesme, ou fera tout perir.
Si Marcelle y succombe, apprehendez son frere,
Et si Placide y meurt, les déplaisirs d'vn pere,

De grace preuenez ce funeste hazard.
Mais que vois-ie ? peut-estre il est desia trop tard,
Stephanie entre icy de pleurs toute trempée.

VALENS.

Theodore à Marcelle est sans doute eschapée,
Et l'amour de Placide a braué son effort.

SCENE VIII.

VALENS, PAVLIN, STEPHANIE.

VALENS à Stephanie.

Marcelle a donc ozé les traisner à la mort,
Sans mon sçeu, sans mon ordre, & son audace extresme...

STEPHANIE.

Seigneur, pleurez sa perte, elle est morte elle-mesme.

VALENS.

Elle est morte !

STEPHANIE.

Elle l'est.

VALENS.

Et Placide a commis...

STEPHANIE.

Non, ce n'est en effet ny luy, ny ses amis,
Mais s'il n'en est l'autheur, du moins il en est cause.

VALENS.

Ah ! pour moy l'vne & l'autre est vne mesme chose,
Et puisque c'est l'effet de leur inimitié

Ie dois vanger sur luy cette chere moitié.
Mais aprends moy sa mort du moins si tu l'as veuë.

STEPHANIE

De l'escalier à peine elle estoit descenduë,
Qu'elle aperçoit Placide aux portes du Palais,
Suiuy d'vn gros armé d'amis & de valets.
Sur les bords du perron soudain elle s'aduance,
Et pressant sa fureur qu'acroist cette presence,
Vien, dit-elle, vien voir l'effet de ton secours,
Et sans perdre de temps en de plus longs discours,
Ayant fait aduancer l'vne & l'autre victime,
D'vn costé Theodore, & de l'autre Dydime,
Elle leue le bras & de la mesme main
Leur enfonce à tous deux vn poignard dans le sein.

VALENS.

Quoy, Theodore est morte!

STEPHANIE.

Et Dydime auec elle

VALENS.

Et l'vn & l'autre enfin de la main de Marcelle?
Ah! tout est pardõnable aux douleurs d'vn amant,
Et quoy qu'ait fait Placide en son ressentiment...

STEPHANIE.

Il n'a rien fait, Seigneur, mais escoutez le reste.
Il demeure immobile à cét obiet funeste,
Quelque ardeur qui le pousse à vanger ce malheur,
Pour en auoir la force il a trop de douleur,
Il paslit, il fremit, il tremble, il tombe, il pasme,

Sur son cher Cleobule il semble rendre l'ame.
Cependant triomphante entre ces deux mourants
Marcelle les contemple à ses pieds expirants,
Ioüit de sa vangeance, & d'vn regard auide
En cherche les douceurs iusqu'au cœur de Placide:
Et tantost se repaist de leurs derniers soûpirs,
Tantost gouste à plains yeux ses mortels déplaisirs,
Y mesure sa ioye, & trouue plus charmante
La douleur de l'amant que la mort de l'amante,
Nous témoigne vn dépit qu'aprés ce coup fatal
Pour estre trop sensible il sent trop peu son mal,
En hait sa pamoison qui la laisse impunie
Au peril de ses iours les souhaite finie:
Mais à peine il reuit, qu'elle haussant la voix,
Ie n'ay pas resolu de mourir à ton choix,
Dit-elle, ny d'attendre à reioindre Flauie
Que ta rage insolente ordonne de ma vie.
A ces mots furieuse, & se perçant le flanc
De ce mesme poignard fumant d'vn autre sang,
Elle adioûte, va traistre, à qui i'épargne vn crime
Si tu veux te vanger, cherche vne autre victime
Ie meurs, mais i'ay de quoy rẽdre graces aux
Dieux,
Puisque ie meurs vangée, & vangée à tes yeux.
Lors mesme dans la mort conseruant son audace
Elle tombe, & tombant elle choisit sa place,
D'où son œil semble encore à longs traits se saouler
Du sang des malheureux qu'elle vient d'immoler.

VALENS

VALENS.

Et Placide ?

STEPHANIE.

I'ay fuy, voyant Marcelle morte,
De peur qu'vne douleur & si iuste & si forte
Ne vangeast... Mais Seigneur ie l'aperçoy qui vient.

VALENS.

Arreste, de foiblesse à peine il se soustient,
Et d'ailleurs à ma veuë il sçaura se contraindre,
Ne crain rien. Mais ô Dieux que i'ay moy-mesme à craindre !

SCENE IX.

VALENS, CLEOBVLE, PLACIDE, PAVLIN, STEPHANIE, Troupe.

VALENS.

Cleobule, quel sang coule sur ses habits ?

CLEOBVLE.

Le sien propre, Seigneur.

VALENS.

Ah Placide ! ah mon fils.

PLACIDE.

Retire toy cruel.

VALENS.

Cét amy si fidelle,

N'a pû rompre le coup qui t'immole à Marcelle?
Qui sont les assaßins

CLEOBVLE.

Son propre desespoir.

VALENS.

Et vous ne deuiez pas le craindre & le preuoir?

CLEOBVLE.

Ie l'ay craint & preueu iusques à saisir ses armes,
Mais cõme aprés ce soin i'en auois moins d'alarmes
Embrassant Theodore vn funeste hazard
A fait dessous sa main rencontrer ce poignard,
Par où ses déplaisirs trompant ma preuoyance...

VALENS.

Ah! faloit-il auoir si peu de deffiance?

PLACIDE.

Rends-en graces au Ciel heureux pere & mary,
Par là t'est conserué ce pouuoir si chery,
Ta dignité dans l'ame à ton fils preferée,
Ta propre vie enfin par là t'est asseurée,
Et ce sang qu'vn amour plainement indigné
Peut-estre en ses transports n'auroit pas espargné.
Pour ne point violer les droits de la naissance
Il faloit que mon bras s'en mist dans l'impuissance,
C'est par là seulement qu'il s'est pû retenir,
Et ie me suis puny de peur de te punir.
Ie te punis pourtant, c'est ton sang que ie verse,
Si tu m'aimes encor c'est ton sein que ie perse.
Et c'est pour te punir que ie viens en ces lieux

Pour le moins en mourant te blesser par les yeux,
Daigne ce iuste Ciel...

VALENS.

Cleobule, il expire.

CLEOBVLE.

Non, Seigneur, ie l'entends encore qui souspire.
Ce n'est que la douleur qui luy coupe la voix.

VALENS.

Non, non, i'ay tout perdu, Placide est aux abois.
Mais ne rejettons pas vne esperance vaine,
Portons-le reposer dans la chambre prochaine,
Et vous autres, allez prendre soucy des morts
Tandis que i'auray soin de calmer ses transports.

FIN.

www.ingramcontent.com/pod-product-compliance
Lightning Source LLC
LaVergne TN
LVHW020009170826
845677LV00022B/487

* 9 7 8 2 3 2 9 7 3 1 9 1 9 *